ESSEN & GENIESSEN

DAS GROSSE ASIEN-KOCHBUCH

ESSEN & GENIESSEN

DAS GROSSE ASIEN-KOCHBUCH

Die schönsten Rezepte aus
China, Japan und Südost-Asien

NAUMANN & GÖBEL

Fotos: Naumann & Göbel Verlagsgesellschaft mbH, Köln
Gesamtherstellung: Naumann & Göbel Verlagsgesellschaft mbH, Köln

ISBN 3-625-10880-1

Vorwort

Asiatisch kochen ist mehr als nur ein Blick in fremde Töpfe – asiatisch kochen ist ein kulturelles Koch-Abenteuer!
Wir möchten Ihnen eine jahrtausendealte Eßkultur nahebringen, die Essen nicht als bloße Notwendigkeit, sondern immer als ein harmonisches Zusammenspiel von Kochen und Kultur versteht.
Mag der Osten auch heute noch für uns teilweise fremd und geheimnisvoll sein, die Grundsätze der asiatischen Küche sind denkbar einfach: Wenn man gegessen hat, soll man sich wohlfühlen. Dies gelingt aber nur, wenn die Nahrung ausgewogen ist, d.h. die Zutaten geschmacklich aufeinander abgestimmt sind.
Was heute in der „Neuen Küche" wiederentdeckt worden ist, war für einen asiatischen Koch vor mehr als 2000 Jahren selbstverständlich:
- frische Lebensmittel der Saison
- kurze Garzeiten
- die richtigen Gewürze

Kolonialzeit, Krieg und nicht zuletzt der Massentourismus haben auch in Asien die Eßgewohnheiten verändert. Geblieben aber ist der Grundsatz der Ausgewogenheit.
Auf den folgenden Seiten finden Sie viel Interessantes über Land, Leute, Kochen, Essen, Kultur – und Rezepte, die Sie nach Lust, Geschmack und Kreativität immer wieder neu variieren können.
„... möge der Reis Fisch, Fleisch, Geflügel und Gemüse sanft in den Magen geleiten ..."
Diese blumenreiche Umschreibung für „Guten Appetit" möge Sie auf das große Koch-Abenteuer einstimmen.

INHALT

Seite

Kochen und Kultur – das Geheimnis der asiatischen Küche

Bei der asiatischen Küche sollte man im Grunde nicht von Kochen und Kultur, sondern einfach von Kochkultur sprechen, einer Kunstform, die über Jahrtausende gehegt, gepflegt und verfeinert wurde und auf der Welt ihresgleichen sucht. Bedeutende Gelehrte waren zeit ihres Lebens auf der Suche nach der vollkommenen Ausgewogenheit und Harmonie der Speisen.
Die scheinbare Einfachheit der asiatischen Küche beruht auf genauer Kenntnis ernährungstechnischer Zusammenhänge und Wirkungsweisen.
Für Asiaten ist es nicht wichtig, wie, sondern was man warum ißt.
Nur so konnte sich eine vielseitige, phantasievolle, würzige, appetitanregende und leichte Küche entwickeln, deren Kost den Magen nicht belastet.
Entdecken Sie mit uns das Geheimnis von Küche, Kochen und Kultur. Wir beginnen im Herzen Asiens.

Die kulinarischen Regionen

Die Küche Chinas

Die chinesische Küche gehört zu den besten der Welt und hat die gesamte asiatische Küche entscheidend geprägt. Gleichzeitig ist sie auch, bedingt durch die Größe des Landes und die Traditionen gepflegter Kochkunst, eine der reizvollsten und vielfältigsten. Noch vor wenigen Jahren war man im Westen der Meinung, daß „süßsauer" das besondere Merkmal der chinesischen Küche sein müsse. Schuld daran waren asiatische Köche, die sich durch eine mißlungene Vermischung von östlicher und westlicher Kochtradition mehr Zulauf erhofften. Dies ist glücklicherweise vorbei. Heute findet man auch außerhalb Chinas eine Kochkultur, die diesen Namen wirklich verdient. Chinesisch kochen ist einfacher als man denkt: Die Zutaten sollte man sorgfältig aussuchen und vorbereiten; gefühlvolles Würzen sowie eine große Portion Kreativität gehören ebenfalls dazu. Das ist natürlich leichter gesagt als getan. Erst ein bißchen Übung macht den Küchenmeister (sagt Konfuzius), aber dann klappt es bestimmt (sagen wir).
Sie benötigen keine besonderen Küchengeräte und nur Zutaten, die Sie in gut sortierten Fach- oder Spezialgeschäften kaufen können.
So abwechslungsreich wie die chinesischen Landschaften sind auch die regionalen Küchen. Sie zu klassifizieren ist nicht ganz leicht, da die Übergänge fließend sind. Wir haben uns für eine Unterteilung in Nord-, Süd-,Ost- und West-Region entschieden, weil so die kulinarischen Unterschiede gut zu erkennen sind.
Der Norden ist der älteste Teil Chinas, ein geschichtsträchtiges Land und die Heimat vieler großer Gelehrter. Von der Natur wurde er nicht ganz so reich bedacht. Das Klima ist rauh, das Land karg. Doch auch mit wenigen Mitteln entwickelte sich eine gute, nahrhafte, bodenständige Küche. Auch hier ist Getreide das Grundnahrungsmittel, jedoch nicht Reis, wie in den anderen Teilen Chinas, sondern Hirse und Weizen. Auch die Mongolen haben die Küche des Nordens bereichert. Was sich diese Barbaren am Lagerfeuer mit Hilfe ihrer Schilde und Helme zurechtbrutzelten und -kochten, verfeinerten chinesische Küchenkünstler zu dem weltbekannten Mongolischen Feuertopf.
Und noch ein Gericht hat dieser Teil des Landes hervorgebracht – die Peking-Ente. Oft kopiert und nie erreicht, seufzen Feinschmecker in aller Welt, wenn sie an dieses knusprige Geflügel denken.
Leute aus dem Westen können sich mit der nordchinesischen Küche sehr schnell anfreunden, da die Zutaten

wie Fleisch, Süßwasserfisch, Geflügel und Gemüse ähnlich sind. Gewürzt wird vorwiegend mit Frühlingszwiebeln, Knoblauch und Ingwer – gut, aber nicht übermäßig.
Der Unterschied zwischen der Nord- und der Süd-Küche ist noch größer als der Temperaturunterschied der Gegenden. Die Natur hat bei der Entwicklung der ausgezeichneten Süd-Küche sehr geholfen: Man findet beste Böden und optimales Klima für den Reis- und Gemüseanbau. Das fischreiche Meer liegt direkt vor der Haustür und bietet eßbares Getier in Hülle und Fülle. Dazu kreative Kochkünstler, und die kulinarischen Schöpfungen reißen nicht mehr ab. Dabei wird nicht nur an den Gaumen, sondern auch daran gedacht, daß das Auge mitißt. Die Speisen werden so perfekt garniert und verziert, daß es fast zu schade ist, die Kunstwerke durch Essen zu zerstören.
Die Küche der Ost-Region ist eine gelungene Mischung aus Nord- und Süd-Küche. Schweinefleisch, Huhn, Gemüse und vor allen Dingen Fisch und Meeresfrüchte bilden die Grundlage für feine, aromatische Speisen. Dabei wird großer Wert darauf gelegt, daß der Eigengeschmack der Zutaten erhalten bzw. durch geschicktes Würzen verstärkt wird. Das auch im Westen gut bekannte „Rotschmoren“ hat hier seinen Ursprung.
Der Westen Chinas ist die Heimat der Chilischote, jenem kleinen roten Gewächs mit dem harmlosen Äußeren und dem teuflisch-scharfen Geschmack. Die starke Verwendung dieser Schote hat nicht nur einen geschmacklichen, sondern auch einen praktischen Hintergrund. Der Westen hat ein feucht-warmes Klima, in dem sich frische Nahrungsmittel nicht sehr lange halten. Die Chilischote tötet Bakterien, reinigt den Darm und hat zugleich eine schweißtreibende Wirkung, die entschlackt. Man würde der Küche aber unrecht tun, betrachtete man sie nur unter diesem Aspekt. In der Region kann man nämlich während des Essens alle Geschmacksrichtungen von süß bis scharf erleben. Zum einen durch die Vielfältigkeit der Speisen und zum anderen durch die starken Gewürze, die die Geschmacksnerven besonders sensibel werden lassen.

Korea

Korea liegt zwischen China und Japan – seine Küche auch. Mehr oder weniger freiwillig haben die Koreaner die kulinarischen Feinheiten der beiden übermächtigen Nachbarn angenommen. Aber dickköpfig, wie die Kleinen nun mal sind, wenn sie Zwang verspüren, haben sie daraus eine respektable, reichhaltige und bodenständige Küche entwickelt.
Man findet nahrhafte Suppen, kräftig gewürzte Reisgerichte mit Fleisch und Gemüse sowie phantasievolle Fisch- und Meeresfrüchte-Spezialitäten. Und immer ist „Kimchi“ dabei, eine scharfe, kalte Beilage aus vergorenen Gemüsesorten wie Kohl, Rettich, Rüben, Knoblauch, Gurken, Spinat, Lauch, Sojabohnen, Zwiebeln, Chili und Ingwer. Je nach Erntezeit werden die Sorten in einen großen Steinguttopf eingelegt und kühl gelagert. Dieses Gefäß ist wirklich die einzige Gemeinsamkeit, die die koreanische Spezialität mit unserem Sauerkraut hat!

Thailand

Ganz Thailand ist wie eine große, herrlich duftende Küche. Auf Schritt und Tritt findet man Essen, entweder im Urzustand auf den üppigen, wohlriechenden Märkten oder herrlich zubereitet und verführerisch lockend an jeder Straßenecke. Reis ist der Hauptbestandteil des Essens. Aber bei so viel Überfluß ringsherum kann es natürlich nicht einfaches Getreide sein, sondern es ist Duftreis. Dazu gibt es allerlei Appetitanregendes von süß bis scharf, um die Eßlust immer wieder von neuem zu wecken.
Außerdem ißt man in Thailand nicht mit Stäbchen, sondern mit Löffel und Gabel, wobei der Löffel (übrigens eine europäische Leihgabe) die Hauptfunktion hat und die Gabel nur dazu dient, die Speisen darauf zu schieben.
Der Löffel ist nicht die einzige Anleihe, die die Thais bei anderen Völkern geholt haben. Auch Einflüsse ihrer asiatischen Nachbarn wurden geschickt in die einheimische Eßkultur eingebaut. Im Laufe der Jahrhunderte entwickelte sich so eine der farbigsten Küchen Asiens.

Die Küche Japans

Die japanische Küche kann man schon fast „vergeistigt“ nennen. Der besondere Sinn der Japaner für feine Nuancen zeigt sich nicht nur in der Kunst und auch im Alltag, sondern vor allem beim Kochen und Essen. Die Frische und Natürlichkeit der Zutaten werden durch besondere Schlichtheit betont. Was aber nicht heißen soll, daß japanisches Essen eintönig oder einfach ist. Diese scheinbare Einfachheit ist eine besondere Form der Eleganz, wie man sie auch in den Gärten, im Theater oder in einem Bonsai-Baum findet.
„… das Essen soll dem Wesen der Zutaten entsprechen …“, so umschreibt ein Küchenchef die Merkmale der japanischen Küche.
Obwohl ein Teil der Kultur und der Sprache von China übernommen wurde, fehlen die Üppigkeit und die Vielfältigkeit der chinesischen Küche. Das hat neben religiösen auch geographische Gründe, wobei erstens die Größe und zweitens die Beschaffenheit des Landes zu nennen sind. Ein Inselvolk muß mit dem vorlieb nehmen, was das Land bietet. Deshalb fehlen fremde Einflüsse in der japanischen Küche fast ganz. (Bis auf den Tee, der im 12. Jahrhundert für würdig befunden wurde, nach den Chinesen auch die Japaner zu erquicken.)
Reis und Fisch sind auch heute noch die Hauptnahrungsmittel, da Japan über wenig nutzbare landwirtschaftliche Fläche, aber viel Küste verfügt. So zielstrebig wie die Industrialisierung hat das „Volk des göttlichen Windes“ auch die Unabhängigkeit von zusätzlichen Nahrungsmittel-Einfuhren vorangetrieben. Heute reicht die Erzeugung von Reis, Obst, Gemüse und Fleisch fast für den Eigenbedarf aus.

Philippinen, Malaysia und Indonesien

Die asiatischen Inselreiche Philippinen, Malaysia und Indonesien haben eine Kochkultur, die ideenreich unterschiedliche Einflüsse zu attraktiven Gerichten vereint. Neben chinesischen und japanischen hat die philippinische Küche vor allem spanische und portugiesische Anregungen eingebaut. Sogar eine Art Siesta nach dem Essen und Gewürze wie Oregano und Lorbeerblatt fehlen nicht. Auch in Malaysia finden sich portugiesische neben chinesischen und indischen Akzenten. Geschickt wird dort mit den Fingern gegessen. Eine Fertigkeit, die, wenn man sie richtig beherrscht, ebenso elegant ist wie das Essen mit Messer und Gabel. Dabei wird der Reis nur mit den ersten drei Fingern der rechten Hand zu kleinen Kugeln geformt, kurz in die anderen Gerichte getaucht und in den Mund gesteckt. Das Servieren der Speisen auf einem Bananenblatt sieht nicht nur hübsch aus, sondern ist auch umweltfreundlich und spart den Abwasch.

Die indonesische Küche

Die Küche Indonesiens kann man am besten mit ihrem bekanntesten Gericht, der Reistafel, vergleichen. In ihr spiegelt sich das ganze farben- und geschmackreiche Kaleidoskop der Kochkunst wider. Jede noch so feine Nuance ist zu finden – von der milden Kühle der Kokosnuß bis zum feurigsten Sambal. Nicht zu vergessen die köstlichen Gewürze, deren verlockende Düfte vor mehr als 200 Jahren bis nach Europa drangen und besonders die Holländer begeisterten.

Laos, Kambodscha, Vietnam

Die Küchen Laos', Kambodschas und mit Einschränkungen auch Vietnams sind im Westen weniger bekannt. Gegessen wird, was das Land bietet: Reis, Wild, Wildgeflügel, Pilze, Hausgeflügel und viel Süßwasserfisch. Eßbare Blätter und Schoten bereichern die Gemüseküche, Wildkräuter sorgen für den entsprechenden Geschmack. Teilweise sind auch chinesische und französische Einflüsse (aus der Kolonialzeit) erkennbar. Ganz anders in Vietnam. Dort entwickelte sich eine reizvolle, eigenwillige Küche, deren westliches Flair wohl mehr in der Vorstellung der französischen Kolonialherren bestand als in dem Geschmack der typischen Regionalküche. Deshalb ist von dem fremden Einfluß außer Baguettes und Kaffee nicht viel geblieben. Die Vietnamesen sind die reinsten Verpackungskünstler. Liebevoll und raffiniert werden die Gerichte in Salat- oder Gemüseblätter oder in Eßpapier aus Reis gewickelt. Dies ist hübsch und praktisch zugleich, da mit den Fingern gegessen und in die zahlreichen verschiedenen Saucen gestippt wird. Bei Suppen dürfen ein Löffel für die flüssigen und chinesische Stäbchen für die festen Teile genommen werden. Erwähnenswert sind neben den zahlreichen Blattgemüsen auch Kräuter wie Dill, Fenchel, Basilikum, Koriander und Minze, die ja auch in der westlichen Küche bekannt sind.

Die Küche Indiens

Der indische Subkontinent ist ein Land der Gegensätze: Geographisch – vom Hochgebirge mit ewigem Schnee und Eis bis zu den tropischen Palmenhainen im Süden; gesellschaftlich – ein strenges Kastensystem, fast keine Mittelschicht, nur Arm oder Reich; kulturell – verschiedene Volksgruppen mit starken religiösen Bindungen und Vorschriften, die den Lebensrhythmus entscheidend beeinflussen.
Aus diesen inneren Gegensätzen und einigen äußeren Einflüssen haben die Inder eine kompromißbereite und phantasievolle Kochkultur kreiert. Trotz der regionalen Unterschiede haben alle eine Leidenschaft gemeinsam – das Curry. Damit ist aber nicht dieses, wie wir meinen, typische gelbe Pulver mit dem mehr oder weniger undefinierbaren „asiatischen“ Geschmack gemeint, sondern das indische Hauptgericht. Sorgfältig aufeinander abgestimmte Zutaten und Gewürze sind das A und O eines gelungenen Curries. Für eine indische Hausfrau bedeutet gut gewürzt nämlich nicht eine vorherrschende, sondern eine ausgewogene Komposition vieler Geschmacksrichtungen. Deshalb muß ein Curry nicht immer brennend scharf schmecken, es kann durchaus auch ein zartes, nur leicht aromatisiertes Gericht sein. Neben Zwiebel und Knoblauch sind Anis, Chili, Kurkuma (Gelbwurz), Kreuzkümmel, Koriander, Kardamom, Ingwer und Zimt die bekanntesten Gewürze der indischen Küche. Und noch eine Fehleinschätzung sollte bei dieser Gelegenheit korrigiert werden. Die Inder sind kein Volk von Vegetariern. Natürlich macht sich der Einfluß der Religion auf das Essen bemerkbar, aber in vielen Fällen wurden die Menschen mehr aus materieller Not als aus religiösem Eifer zu Vegetariern.

Die kulinarischen Feinheiten

Kräuter und Gewürze

Nur wer, wie die Asiaten, gründlich erforscht, was man warum ißt, der kann auch richtig würzen. Richtig würzen heißt nämlich, den Speisen nicht nur ein bestimmtes Aroma zu geben, sondern vor allem, den Appetit und die Verdauung in Gang zu bringen, den Kreislauf anzuregen, Bakterien zu töten – kurz gesagt, das Essen muß so zubereitet sein, daß man sich danach wohlfühlt. Wobei wir wieder bei dem Grundsatz der Ausgewogenheit sind, und dabei spielen Kräuter und Gewürze eine große Rolle.
Bereits im 7. Jahrhundert nach Christus konnten chinesische Kräuterheiler Ernährungstherapien aufstellen, die die Menschen im Westen mehr als tausend Jahre später noch in Erstaunen versetzen. An der Erkenntnis, daß viele Krankheiten allein durch Essen geheilt werden können, muß schon etwas dran sein, denn der Verfasser der Therapien wurde über hundert Jahre alt! Man bedenke, daß dies zu einer Zeit war, als die Lebenserwartung bei 25-30 Jahren lag.
Kräuter und Gewürze übten auf den Menschen schon immer einen geheimnisvollen Zauber aus, besonders, wenn sie aus dem lange Zeit unerforschten Osten kamen. Voller Staunen hörte man Geschichten von Gewürzinseln, einem Paradies von Düften und Farben. Kein Wunder, daß man für diese Köstlichkeiten fast jeden Preis zahlte.
Der Reichtum vieler europäischer Handelshäuser resultiert aus dem asiatischen Gewürzhandel.
Heute müssen wir keine langen und beschwerlichen Wege mehr auf uns nehmen, um asiatische Gewürze und Kräuter genießen zu können. Der gut sortierte Fachhandel hat sich auf den neuen Trend eingestellt und bietet viele exotische Zutaten an.
Sollte Ihnen das ein oder andere „Kräutchen" nicht bekannt sein, so finden Sie nachstehend einige Informationen dazu.

Chilischoten
Chilischoten sind frisch oder getrocknet im Handel zu bekommen und so scharf, daß man bei der Verarbeitung Handschuhe tragen sollte. Der scharfe Geschmack sitzt vor allem in den Samen dieser Paprikagewächse.

Frühlingszwiebeln
Frühlingszwiebeln sind milder als ihre gewöhnlichen großen und kleinen Schwestern. Außerdem bezieht sich „Frühling" auf das grüne, zarte Aussehen und nicht auf die Erntezeit. Die feinen Zwiebelchen bekommt man nämlich fast das ganze Jahr.

Curry
Curry ist eine Gewürzmischung, die sich asiatische Hausfrauen je nach Geschmack bzw. Verwendungszweck mischen. Dabei wird immer darauf geachtet, daß sich die fünf Geschmacksrichtungen – süß, sauer, herb, mild, scharf – harmonisch ergänzen. Wenn Sie es stilecht machen wollen, sollten Sie die getrockneten Gewürze wie Kardamom, Kreuzkümmmel, Kurkuma, Pfeffer, Zimt, Nelken, Chili und Muskatblüte kurz in einer Pfanne ohne Fett anrösten (Vorsicht, sie verbrennen leicht), abkühlen lassen und dann im Mörser zerreiben. In lichtgeschützten, gut verschlossenen Gläsern können Sie diese Mischung einige Zeit aufbewahren.

Ingwer
Ingwer ist das Leib- und Magengewürz der Asiaten. Schon der große Konfuzius verwendete bei den Mahlzeiten immer Ingwer, und er mußte es schließlich wissen. Verdauungsfördernde und antibakterielle Wirkstoffe stecken in den gelbbraunen, bizarr geformten Wurzeln. Sie sollten nach Möglichkeit frisch verwendet werden, weil sie dann am besten ihr volles Aroma, von würzig bis scharf, entfalten.

Kardamom
Kardamom erinnert im Geschmack an Nelken und Zimt. Zum Würzen werden die Samen der schilfartigen Pflanze benutzt. Auch sie haben neben geschmacklichen ebenfalls medizinische Eigenschaften (verdauungsfördernd und antiseptisch).

Kreuzkümmel
Kreuzkümmel sieht etwa wie unsere einheimischen Kümmelkörnchen aus und hat auch eine ähnliche, verdauungsfördernde Wirkung. Allerdings ist der Geschmack ein ganz anderer, so daß dieses Gewürz nicht beliebig austauschbar ist. Wenn Sie wissen möchten, wie Kreuzkümmel schmeckt, probieren Sie einen Magenbitter, darin findet er bei uns nämlich hauptsächlich Verwendung.

Piment
Die Samen des Nelkenpfefferbaumes, die geschmacklich zwischen Nelken- und Pfefferkörnern liegen, heißen Piment und sollten entweder im Ganzen oder frisch zerdrückt verwendet werden. Piment ist bei uns auch als Gewürzkorn bekannt und verfeinert, zusammen mit Lorbeerblättern, den Kochsud für Fisch und Fleisch.

Koriander
Der auch „chinesische Petersilie" genannte Koriander hat aber mit diesem Kraut nur das Aussehen, nicht den Geschmack gemeinsam. In der asiatischen Küche wird die ganze Pflanze verwendet. Die aromatischen Blättchen, die nach Zimt und Muskat schmeckenden pfeffergroßen Samen (ganz oder gemahlen) und die Wurzeln. Die einjährige Pflanze wächst problemlos in jedem Gemüsegarten.

Muskatnuß und Muskatblüte
Muskatnuß und Muskatblüte sind Gewürze des gleichen Baumes. Die Nuß hat die Größe einer Walnuß und wird von der Blüte oder Macis umhüllt. Frisch gerieben entfaltet die Muskatnuß ihr herb bitteres Aroma. Die Muskatblüte kann im Ganzen oder grob gebrochen mitgekocht werden, sollte aber vor dem Servieren entfernt werden.

Safran und Kurkuma (Gelbwurz)
Safran und Kurkuma haben mehr färbende als würzende Eigenschaften. Safran wird aus den Staubgefäßen einer Krokusart gewonnen und ist ein sehr teures, schon lange auch im Westen bekanntes Suppen- und Kuchengewürz (... oder weiß etwa jemand nicht, daß Safran den Kuchen gel macht ...!?). Kurkuma ist das Gelbe, nicht vom Ei, sondern vom Curry, und ersetzt den auch in Asien teuren Safran. Außerdem sagt man ihm blutreinigende Wirkung nach.

Sternanis
Sternanis sieht aus wie ein Stern und schmeckt nach Anis. Er läßt sich auch durch Anis- oder Fenchelkörner ersetzen.

Zitronengras
Zitronengras ist ein nach Zitronen schmeckendes Sumpfgras. Verwendet werden nur die dicken, weißen Unterteile. Bei uns ist es in Spezialgeschäften hin und wieder frisch, meistens aber getrocknet am Stück bzw. seit kurzer Zeit auch gemahlen zu bekommen. Wenn Sie es nicht finden sollten, fein abgeriebene Zitronenschale tut es auch.

Reis und Nudeln

Reis essen bedeutet für den Asiaten das Essen schlechthin. Eine Mahlzeit ohne Reis ist gar nicht denkbar. An dieser ältesten Kulturpflanze muß schon etwas Besonderes dran sein, daß sie fast die Hälfte der Weltbevölkerung zu ihrem Grundnahrungsmittel gemacht hat. Es müssen wohl „innere Werte" sein, denn von außen sind die Körnchen ziemlich unscheinbar. Auch der Geschmack ist, wohlwollend ausgedrückt, neutral. Aber gerade das ist die ideale Ergänzung zu den gut gewürzten asiatischen Fleisch-, Fisch- und Gemüsespeisen. In der blumigen Sprache des Ostens ausgedrückt heißt es „... der Reis geleitet die anderen Speisen auf angenehme Art in den Magen ..."
In jüngster Zeit wird auch bei uns dem Reis etwas mehr Aufmerksamkeit gewidmet. Man hat nämlich erkannt, welche lebenswichtigen Stoffe in den kleinen Körnchen stecken: Vitamine, Mineralstoffe, Kohlenhydrate, Spurenelemente, Ballaststoffe und viel hochwertiges, leicht verdauliches Eiweiß. Außerdem läßt er sich ziemlich schnell und abwechslungsreich zubereiten und macht satt, ohne den Magen zu belasten.
Die etwa 8 000 verschiedenen Reissorten lassen sich nach drei äußeren Formen unterscheiden: Langkorn – Mittelkorn – Rundkorn.
Langkornreis hat, wie der Name besagt, ein langes, schmales, ziemlich hartes Korn. Beim Kochen wird es schön trocken und bleibt körnig. Die bekannteste Sorte ist der Patna-Reis, der als Natur- und Parboiled-Reis im Handel ist. Letzterer behält durch ein besonderes Verfahren die Nährstoffe, die bei der Veredelung wie Schleifen und Polieren normalerweise verloren gehen. Eine besondere asiatische Köstlichkeit ist der Basmati- oder Duftreis: eine Spezialität, die einem schon beim Kochen das Wasser im Mund zusammenlaufen läßt!
Mittel- und Rundkornreis haben neben dem rundlichen Aussehen auch ein weicheres Innenleben als das lange Korn. Überall in Asien, wo mit Stäbchen gegessen wird, bevorzugt man weißen Rundkornreis. Die Gründe liegen auf der Hand bzw. auf dem Stäbchen. Die Körner sind nach dem Kochen zwar trocken und locker, hängen aber etwas zusammen, so daß sie mit den Eßwerkzeugen problemlos aufgenommen werden können. Übrigens ist Reiskochen längst nicht so schwierig, wie es den Anschein hat. Wir kochen ihn auf chinesische Art, das gelingt immer und geht so:
Zwei Tassen Reis werden trocken in einem Topf verteilt. Darüber gießen Sie drei Tassen Wasser. Je nach Geschmack salzen. Das Ganze einmal aufkochen und bei schwacher Hitze so lange garen, bis das ganze Wasser in den Reis eingezogen ist. Das Resultat sind fünf Tassen gekochter Reis.
Nudeln sind in der asiatischen Küche ebenso beliebt wie Reis. In einigen Gebieten sind sie sogar Grundnahrungsmittel. Allerdings konnten sie auch dort den Reis nicht ganz verdrängen und werden teilweise aus Reismehl gemacht. Neben diesen Reis-Fadennudeln, die roh fast durchsichtig, getrocknet in Bündeln verkauft und vorwiegend fritiert werden, gibt es Sorten aus Weizenmehl mit oder ohne Eiern und aus Bohnenmehl, Glasnudeln genannt. Sie sind ganz fein und fast durchsichtig. Genau wie die Reisnudeln sollten sie nicht gekocht, sondern nur überbrüht werden, weil diese zarten Gebilde sonst zerfallen und glibberig werden. Beim Fritieren dagegen werden sie herrlich leicht und knusprig, sie puffen richtig auf.
Weizen- oder Eiernudeln gibt es in vielen Formen; breite und schmale Bandnudeln, ganz dünne Fadennudeln oder spaghettiartige.

Küchengeräte und -techniken

Das wohl bekannteste asiatische Küchengerät ist der Wok. Dieses chinesische Kochgefäß ist einmalig. Es hat ein zeitloses Design, besteht aus unempfindlichem Material und ist ein echter Energiesparer. Letzteres war wohl besonders wichtig, als man vor mehr als 3 000 Jahren ein Kochgeschirr kreierte, in dem alle Zutaten schnell auf nur einer Feuerstelle gar wurden, weil Brennholz ziemlich knapp war. Um die Zutaten schnell gar zu bekommen, mußten sie kleingeschnitten werden – wobei wir beim nächsten Küchengerät sind, dem Küchenbeil. Geschnitten wurde auf einer Hartholzscheibe – Gerät Numero Drei, das Hackbrett. Das Ganze wird mit einem Spatel oder einem Heber umgerührt, und die Grundausstattung ist fertig.

Diese Küchengeräte sind so faszinierend einfach, daß sie nicht aus der Mode kommen. Außerdem sind die Benutzer sehr eigen mit ihrem Handwerkszeug, egal ob es sich um eine Bauersfrau oder einen Meisterkoch handelt. Lassen Sie bei einem Besuch in einer asiatischen Küche unbedingt die Finger von den scheinbar harmlosen Küchenbeilen, und lehnen Sie jede Einladung zum Ausprobieren ab. Die Schneide ist sehr scharf, und für das ganz feine Schneiden sind westliche Finger einfach zu dick und zu lang.

Nach dieser kleinen, humorvollen Einlage wollen wir ernsthaft zur Sache gehen. So vollendet wie die Kochkunst, so durchdacht sind auch die Küchengeräte.

Beginnen wir mit dem Wok, dieser großen Pfanne mit dem gewölbten Boden, die, wenn nötig, alle anderen Kochgefäße ersetzen kann. Man kann darin nämlich alles machen: vom Kochen über Schmoren und Braten bis zum Dämpfen und Ausbacken. Seit bei uns die asiatische Küche im Trend liegt, werden Woks in verschiedenen Größen, Formen und Materialien angeboten. Allerdings sind sie alle nicht mit dem einfachen Eisenwok mit robustem Holzgriff zu vergleichen. Leider läßt sich das heute in unseren High-tech-Küchen nicht mehr so nachvollziehen, aber unsere Großmütter wußten, weshalb sie eiserne Pfannen benutzten. Die Hitze verteilt sich darin schnell und gleichmäßig, und etwas Eisen wird an die Nahrung abgegeben, ein zusätzlicher ernährungsphysiologischer Effekt.

Wenn Sie sich einen Wok zulegen, sollten Sie beim Kauf ausprobieren, wie er in der Hand liegt. Geräte mit zwei Griffen lassen sich nicht so gut handhaben wie solche mit einem langen Stiel. Allerdings ist die Anschaffung nur sinnvoll, wenn das Gerät viel genutzt wird. Eine große, tiefe Pfanne tut es auch.

Der Spatel zum Umrühren, Verteilen und Herausheben ist ein schaufelähnliches Metallgerät mit langem Holz- oder Kunststoffgriff. Eine Schaumkelle oder ein hölzerner Spatel erfüllen auch ihren Zweck.

Ein oder mehrere Hackbretter sollten in keinem Haushalt fehlen. Ideal sind runde Hartholzbretter oder ein Schlachterblock (erhältlich in guten Fachgeschäften, nicht billig, lohnt sich jedoch, da es eine Anschaffung fürs Leben ist).

Ein Küchenbeil ist ein vielseitiges Schneidewerkzeug, verlangt aber einige Übung. Sie können damit schneiden, schaben, klopfen, fein hacken, schälen, plattdrücken, trennen und was sonst noch so anfällt, aber eines sollten Sie nicht tun – Draufloshacken. Dann ist dieses langlebige Werkzeug sofort ruiniert. Gut gepflegt hält es genauso lange wie die Hackbretter!

Bestens ausgerüstet mit Informationen über das Handwerkszeug geht es nun an die Zutaten und Vorbereitungen für das Kochen. Dazu ein Wort zu den Rezepten. Wir haben bei den Zutaten, Kräutern und Gewürzen besonderen Wert darauf gelegt, daß sie auch bei uns erhältlich sind. Natürlich spielt es dabei auch eine große Rolle, ob Sie in der Großstadt oder im ländlichen Bereich, im Norden oder im Süden wohnen oder, oder, oder ... Was wir damit sagen wollen, ist, daß es ab und zu, aus

welchen Gründen auch immer, nicht möglich ist, bestimmte Zutaten zu bekommen. Dann sollten Sie auf typisch asiatische Art kochen, das Rezept nur als Anregung betrachten und die Zutaten nach persönlichem Geschmack wählen. Viel Spaß bei Ihren kreativen Improvisationen. Übrigens befinden Sie sich damit in bester Gesellschaft, selbst asiatische Meisterköche experimentieren und improvisieren ein Leben lang.
In der asiatischen Küche wird großer Wert auf die Erhaltung von Farbe, Struktur, Duft und Geschmack der Speisen gelegt. Dazu müssen die einzelnen Zutaten harmonisch und ausgewogen zusammengestellt werden. Diese umfangreichen Vorbereitungen nehmen wesentlich mehr Zeit in Anspruch als das Kochen selbst. Das Kleinschneiden der Zutaten ist eine Art, die Garzeiten kurz zu halten. Einen besonderen Geschmack erreicht man durch Marinieren. Zutaten mit unterschiedlichen Garzeiten werden blanchiert oder vorgekocht, damit alles zusammen gar wird. Verschiedene Kräuter und Gewürze werden angebraten, damit sie das Öl für die nächsten Zutaten aromatisieren. Getrocknete Zutaten werden eingeweicht. Das Einweichwasser wird nicht weggegossen, sondern zum Würzen benutzt.

Garmethoden

Die Asiaten nehmen, mit Ausnahme von frischem Obst und einigen Spezialitäten in der japanischen Küche, wenig rohe Nahrung zu sich. Alles wird irgendwie zubereitet, sei es nur in Sekunden oder auch in vielen Stunden.
Ausbacken oder Fritieren
ist die Zubereitungsart für duftige, knusprige Teigrollen oder -täschchen mit zart-saftigem Inhalt.
Simmern
ist auch in unserer Küche bekannt. Es bedeutet nichts anderes als langsames Garen bei schwacher Hitze. Diese Methode eignet sich gut für große Fleischstücke. Wenn der Deckel fest schließt, garen sie ganz gleichmäßig, in einem Tontopf sogar ohne Zugabe von Flüssigkeit, im eigenen Saft.
Rösten oder Grillen
erinnert an sommerliches Freizeitvergnügen. Meistens werden kleine, marinierte Fleischstücke am Spieß über offenem Holzkohlenfeuer geröstet. Dazu gibt es pikante Saucen.

Dämpfen können Sie entweder im Wok mit kleinen Körbchen aus Bambus oder in einem herkömmlichen Topf mit Siebeinsatz. Wichtig ist die konzentrierte feuchte Hitze.

Pfannenrühren ist die bekannteste und beliebteste Zubereitungsart. Dabei werden die Zutaten in wenig Öl im Wok bei großer Hitze angebraten und dabei ständig gedreht oder „gerührt". Das Gericht ist ziemlich schnell gar, und Nährstoffe und Aroma bleiben voll erhalten.

Rotschmoren nennt man die Garmethode, wenn Fleisch, Fisch, Geflügel oder Gemüse in einer Mischung aus Sojasauce, Wasser und/oder Brühe gedünstet werden. Die Gerichte haben eine rotbraune Farbe und einen leicht süß-herben Geschmack.

Getränke
Was fällt Ihnen ein, wenn Sie an asiatische Getränke denken? Tee, Reiswein und Bier! Ja, Sie haben richtig gelesen, dieses scheinbar typisch deutsche Getränk ist auch in Asien bekannt und beliebt. Vor allem in China, Japan, Korea, Hongkong, Singapur und Taiwan wird in nationalen Brauereien ein Bier von respektabler Qualität und in großer Menge gebraut (auch getrunken). Allerdings ist das Bier im Gegensatz zum Reiswein keine asiatische Erfindung. Die ersten Brauereien in China wurden vor gut hundert Jahren von Deutschen errichtet. Aber es zeigt sich auch hier, wie geschickt fremde Einflüsse kultiviert werden, wenn sie die regionale Kochkunst ergänzen oder verfeinern helfen.
Von den zahlreichen asiatischen Likören, vergorenen Säften und hochprozentigen Spirituosen sind zwei besonders erwähnenswert und in Spezialgeschäften und guten Restaurants erhältlich: der Ume-shu, ein japanischer Pflaumenlikör, und der chinesische Mao-tai, auch „weißer Blitz" genannt. Letzterer ist ein Hochprozentiger aus Getreide, der es in sich hat und seine volle Wirkung erst entfaltet, wenn man aufsteht! Der Pflaumenlikör wird auf Eis getrunken, eigentlich eine Ausnahme bei den asiatischen Spirituosen. Klarer Korn und Obstbrände entfalten erst bei Zimmertemperatur oder angewärmt (Reiswein) ihr volles Aroma. Das Trinken von eiskalten Getränken vor oder zum Essen ist bei uns eine weitverbreitete Unsitte. Damit ruiniert man erstens den Magen und zweitens den Genuß an den Speisen, weil die Geschmacksnerven buchstäblich „auf Eis gelegt" sind.
Neben Tee (in zahlreichen Sorten) wird in einigen Ländern des Ostens auch Kaffee getrunken. Ebenfalls Fruchtsäfte und Wasser sind geeignet, den Durst zu löschen. Wobei es heute nicht mehr empfehlenswert ist, einer klaren Quelle zu trauen. Besser ist der Griff zum abgefüllten Naß.

Die kulinarischen Begriffe

Abalone,
auch Meer – oder Seeohr genannt, ist ein muschelähnliches Weichtier mit festem, schmackhaftem Fleisch. Ähnlich wie den Schildkröten wurde auch diesen Meeresbewohnern ihr „guter Geschmack" zum Verhängnis. Abalonen dürfen aufgrund des Artenschutzgesetzes nicht mehr gefangen werden.

Austernsauce
ist eine dickflüssige, braune Würzsauce. Sie ist ziemlich salzig und sollte sparsam dosiert werden.

Bambussprossen
sind die jungen eßbaren Sprossen einer bestimmten Bambusart. Sie haben einen feinen, nußartigen Geschmack und sind in der asiatischen Küche als warme oder kalte Gemüsebeilage sehr beliebt. Sie werden vorwiegend in Dosen, in Spezialgeschäften auch frisch, angeboten.

Bohnenquark,
bei uns besser bekannt als Tofu, ist ein besonders hochwertiges, pflanzliches Nahrungsmittel aus gekochten Sojabohnen. Tofu ist reich an leicht verdaulichem Eiweiß (ca. 10-13 g pro 100 g), Vitaminen und Mineralstoffen, enthält aber fast kein Cholesterin. Er ist sehr vielseitig zuzubereiten. Seit die asiatische Küche boomt, wird Tofu auch bei uns in verschiedenen Geschmacksrichtungen angeboten – von naturbelassen (geschmacksneutral) bis kräftig gewürzt, geräuchert oder mariniert.

Bonitoflocken oder -pulver
sind bzw. ist die Grundlage für jede japanische Fischbrühe. Das Produkt wird aus getrocknetem Seefisch, vorwiegend Thunfisch, hergestellt und ist in Spezialgeschäften erhältlich.

Chinesische Morcheln,
wegen ihres ohrförmigen Aussehens auch Wolkenohr- oder Muerr-Pilze genannt, werden in der asiatischen Küche überwiegend getrocknet verwendet und müssen vor der Zubereitung gut eingeweicht werden. Sie lassen sich durch Austernpilze ersetzen.

Glutamat
ist ein kristallines Geschmackspulver, das in der chinesischen Küche gern und viel benutzt wird, das den Eigengeschmack der Speisen verstärkt und Fleisch mürbe macht. Da es aber in Verdacht steht, Nahrungsmittelallergien hervorzurufen, raten Ärzte heute von der Verwendung ab.

Hoisin-Sauce
ist neben der Sojasauce die bekannteste Sauce der asiatischen – besonders der chinesischen – Küche. Sie wird auf der Grundlage von Sojabohnen nach einem traditionellen Grundrezept in verschiedenen Geschmacksrichtungen hergestellt.

Kokosmilch
ist nicht die Flüssigkeit im Inneren der Nuß, sondern wird aus dem Fruchtfleisch gewonnen. Sie können sie selbst herstellen, indem Sie das Innere der Nuß fein raspeln und mit der gleichen Menge heißem Wasser überbrühen. Das Ganze etwas stehen lassen und anschließend durch ein Tuch pressen. Sie können dazu auch getrocknete Flocken nehmen oder ungesüßte fertige Milch aus der Dose.

Kombu
heißt in Japan der getrocknete Seetang, der für die pikanten Sushi-Häppchen verwendet wird.

Litschis
schmecken frisch herzhaft und würzig, mit einem Hauch von Rosen und Muskat. Wenn Sie sie frisch bei Ihrem Gemüsehändler finden, sollten Sie ganz schnell zugreifen und die fade, übersüßte Dosenware vergessen.

Mirim
ist ein leicht gesüßter Reiswein, der vorwiegend in der japanischen Küche zum Kochen benutzt wird. Er läßt sich gut durch trockenen Sherry ersetzen.

Nori
nennt man das „Eßpapier“ aus Seetang. Die hauchdünnen, schwarzgrünen Blätter müssen vor der Verarbeitung ohne Fett angeröstet werden, damit sie ihr volles Aroma entfalten.

Sake
ist die weltbekannte Bezeichnung für einen Reiswein aus Japan.

Sambal Oelek
ist eine höllisch scharfe Gewürzpaste mit einem großen Anteil Chilischoten. Besuchern von indonesischen Restaurants ist es in mehr oder weniger guter Erinnerung!

Sesamöl,
eine sehr aromatische Essenz, wird aus ungerösteten Körnern (hell) zum Braten und aus gerösteten Körnern (dunkel) zum Würzen verwendet.

Shitake-Pilze
sind Zuchtpilze aus Japan, die auch Waldpilz-Liebhaber in Versuchung führen können. Sie sind aromatisch, verursachen wenig Abfall, sind zum Einfrieren und Trocknen geeignet und vor allem nicht mit Schadstoffen belastet.

Sojasauce,
die unentbehrliche Sauce der asiatischen Küche, gibt es in vielen Geschmacksrichtungen und zwei Sorten – hell und dunkel. Die helle Sauce ist mild im Geschmack und soll die Speisen aromatisieren. Die dunkle Sauce ist kräftiger, dickflüssiger und salzt die Gerichte zusätzlich. Nicht immer sind teure Produkte auch besser, aber bei der Sojasauce trifft es zu. Eine gute Sauce hat ihren Preis, da die Fermentierung (Gärprozeß) der Sojabohnen einen bestimmten Zeitraum in Anspruch nehmen muß (ähnlich der Sektherstellung).

Sprossen und Keime
sind würzig, frisch, gesund und leicht heranzuziehen. In der ernährungsbewußten asiatischen Küche haben sie schon lange einen besonderen Platz. Keimfähige Körner finden Sie in jedem guten Naturkost-Laden. Eine kleine Übersicht bietet die Tabelle unten.

Stäbchen
sind in vielen asiatischen Ländern die „Eßwerkzeuge“. Lediglich in Ländern, in denen der chinesische Einfluß nicht so stark ist, wie in Thailand, Indonesien, Malaysia oder auf den Philippinen, wird hauptsächlich mit dem Löffel, hin und wieder mit Löffel und Gabel oder einfach mit den Fingern gegessen. Dabei ist Stäbchen nicht gleich Stäbchen. Beispielsweise ist die japanische Ausführung kürzer und spitzer als die chinesische. Aber unabhängig von Größe und Aussehen, der ernährungstechnische Wert ist bei allen gleich. Man konzentriert sich auf die Speisen, ißt langsam, genießt und verdaut gut. Übrigens ist die Handhabung leichter als Sie denken. An dem folgenden Bild können Sie den richtigen Griff üben.

Tamarinde
wird vor allem als Gewürz in der indischen Küche verwendet. Der Geschmack erinnert etwas an unreife Pflaumen.

Wasabi
ist ein grüner, japanischer Meerrettich. Im Gegensatz zu den weißen Rettichen wird er fast nie frisch, sondern als Pulver verwendet.

Wasserkastanien,
auch Wassernüsse genannt, sind die dunkelbraunen, knollenartigen Früchte einer Wasserpflanze. Mit Nüssen haben sie, außer, daß man sie vor der Verwendung schälen muß, nichts gemeinsam. Bei uns werden Wasserkastanien nur als Konserve angeboten. Sie lassen sich durch Bambusstücke ersetzen.

Zuckererbsen
sind sehr kleine, hellgrüne Schoten mit süßlich schmeckenden Erbsen. Sie lassen sich leicht in jedem Gemüsegarten heranziehen, müssen allerdings rechtzeitig gepflückt werden. Bleiben sie länger hängen, verlieren sie ihr zartes Aroma und eignen sich nicht mehr zum Essen im Ganzen.

Sprossen und Keime

Art	Einweichzeit in Stunden	Keimzeit in Tagen	Besonderheiten, Geschmack
Alfalfa	4-6	5	Besonders vitaminreich, mild-herb
Senf	12	6-12	Regt die Verdauung an, wirkt heilend auf den Darm, milde Schärfe
Sesam	4	2	Schwierig zum Keimen zu bringen, neutral
Hirse	8	3	Gegen Hautkrankheiten, reich an Eiweiß und Fluor, süßlich
Rettich	4	2	Klare Schärfe
Mungobohne	12	5	Einfache Zucht, ergiebig, mild-nussig, wird bei Überkeimung nicht bitter
Kichererbse	12	3	Eiweißreich, wird bei Überkeimung bitter, mehlig-mild
Erbse	12	3	Eiweißreich, sehr süß
Gelbe Sojabohne	12	3	Eiweißreich, saftig-neutral

Suppen, ein Pot(t)pourri fernöstlicher Köstlichkeiten

Auch dem einfachsten Süppchen bringt der Asiat eine besondere Wertschätzung entgegen und stimmt die Geschmacksnoten harmonisch aufeinander ab. Eine asiatische Weisheit besagt, daß Ausgewogenheit auch am Beispiel einer Suppe illustriert werden kann.

Scharfer Kichererbsentopf

Indien

300 g Kartoffeln
1 Zwiebel
1 Knoblauchzehe
1 El Öl zum Braten
200 g Kichererbsen aus der Dose
1/2 Tl Kurkuma
1 Tl Garam masala (Indische Gewürzmischung bestehend aus Kardamomkapseln, Zimt, Kreuzkümmel, Koriandersamen, Gewürznelken, Macis, Fenchelsamen, schwarzen Pfefferkörnern)
Pfeffer
Salz
1 l Hühnerbrühe

1. Die Kartoffeln schälen und in Würfel schneiden.
2. Die Zwiebel und die Knoblauchzehe ebenfalls schälen und in Würfel schneiden.
3. Das Öl erhitzen und die Zwiebel- und Knoblauchwürfel darin anbraten.
4. Die Kichererbsen abgießen und abtropfen lassen und zusammen mit den Kartoffeln zu den Zwiebel- und Knoblauchwürfeln geben.
5. Die Gewürze einstreuen und das Ganze unter Rühren ca. 3 Minuten braten.
6. Mit der Hühnerbrühe ablöschen und die Suppe ca. 15 Minuten garen lassen. Heiß servieren.

Vorbereitungszeit: 15 Min.
Zubereitungszeit: 25 Min.
Pro Portion
ca. 1269 kJ/302 kcal

Süß-saure Won-Ton-Suppe

China

- *125 g Mehl*
- *1/2 Tl Schmalz*
- *60 g gekochtes Hähnchenbrustfilet*
- *60 g Bratenaufschnitt*
- *Salz, 1/2 Tl Glutamat*
- *1 Prise Pfeffer*
- *1/2 Tl Sesamöl*
- *1 l Hühnerbrühe*
- *1 Stück Ingwerwurzel (70 g)*
- *1 kleine Stange Porree*
- *1 Möhre*
- *30 g in Streifen geschnittene Bambussprossen aus der Dose*
- *2 El süße, rote Bohnenpaste*
- *Koriandergrün zum Bestreuen*

1. Das Mehl mit dem Schmalz und 2 El Wasser zu einem festen Teig verkneten. Den Teig auf einer leicht bemehlten Arbeitsfläche dünn ausrollen und in 24 gleich große Quadrate schneiden.
2. Das Hähnchenbrustfilet und den Bratenaufschnitt fein würfeln und mit Salz, Glutamat, Pfeffer und dem Sesamöl abschmecken.
3. Die Füllung auf die Hälfte der Quadrate verteilen. Die Ränder mit Wasser bestreichen und die restlichen Quadrate darauf legen. Die Ränder fest andrücken und die Won-Tons in kochendem Salzwasser 2–3 Minuten garen lassen. Herausnehmen, abtropfen lassen und auf Suppentassen oder Schalen verteilen.
4. Die Hühnerbrühe in einen Topf geben und zum Kochen bringen.
5. Die Ingwerwurzel schälen und in dicke Scheiben schneiden. In die Brühe geben.
6. Den Porree und die Möhre putzen, waschen bzw. schälen und beides in feine Streifen schneiden. In die Suppe geben und das Ganze ca. 4–5 Minuten kochen lassen.
7. Die Bambussprossen abgießen und zusammen mit der Bohnenpaste in die Suppe geben.
8. Die Suppe eventuell noch einmal mit Salz, Pfeffer und Glutamat nachwürzen, auf die Suppentassen verteilen und mit Koriandergrün bestreut servieren.

Vorbereitungszeit: 20 Min.
Zubereitungszeit: 20 Min.
Pro Portion
ca. 958 kJ/228 kcal

Soto

Indonesien

1 Rindermarkknochen
200 g Rinderbrust
1 Stange Lauch
4 Scheiben Ingwerwurzel (je 1 cm)
1 1/2 Tl Salz
2 El geröstete Zwiebeln (Fertigprodukt)
1 Bund Schnittlauch

1. Den Rinderknochen und die Rinderbrust unter fließendem, kaltem Wasser abwaschen.
2. Den Lauch putzen, waschen und in grobe Stücke schneiden. Zusammen mit dem Ingwer und dem Fleisch in einen großen Topf geben. 1 1/2 l Wasser dazugießen und das Salz hineinstreuen.
3. Das Ganze zum Kochen bringen, die Suppe abschäumen und bei mittlerer Hitze 1 1/4 Stunden köcheln lassen.
4. Anschließend die Suppe durchsieben, die Rinderbrust und die Ingwerscheiben in feine Streifen schneiden und wieder in die Suppe geben.
5. Die gerösteten Zwiebeln in die Suppe streuen und die Soto auf Suppenschalen verteilen.
6. Den Schnittlauch waschen, trockenschleudern und in feine Röllchen schneiden. Über die Suppe streuen und servieren.

Vorbereitungszeit: 15 Min.
Zubereitungszeit: 1 1/2 Std.
Pro Portion
ca. 380 kJ/90 kcal

Thailändische Zitronensuppe

Thailand

- *8 Hummerkrabbenschwänze*
- *2 Stiele Zitronengras*
- *2 Zwiebeln*
- *1 Knoblauchzehe*
- *2 Chilischoten*
- *300 ml Kokosmilch*
- *1 Tl brauner Zucker*
- *1/2 Zitrone*
- *3 El Fischsauce*
- *2 Zweige Zitronenmelisse*

1. Die Hummerkrabben schälen und längs halbieren. Den schwarzen Darm entfernen.
2. Das Zitronengras in feine Streifen schneiden. Die Zwiebeln und die Knoblauchzehe in feine Würfel schneiden.
3. Die Chilischoten halbieren, entkernen und ebenfalls fein würfeln.
4. Die Kokosmilch mit 400 ml Wasser auffüllen und zusammen mit dem Zitronengras, den Zwiebel- und Knoblauchwürfeln und den Chilischoten in einen Topf geben und aufkochen lassen.
5. Die Hummerkrabbenschwänze hineingeben und ca. 3 Minuten gar ziehen lassen.
6. Die Suppe mit dem Zucker, dem Saft der halben Zitrone und der Fischsauce abschmecken. Die Zitronenmelisse fein schneiden, in die Suppe streuen und die Zitronensuppe heiß servieren.

Vorbereitungszeit: 15 Min.
Zubereitungszeit: 20 Min.
Pro Portion
ca. 548 kJ/130 kcal

Chinakohlsuppe

Indonesien

1 Zwiebel
1 Knoblauchzehe
2 El Öl
Salz
1/2 l Hühnerbrühe
1 Chinakohl
1/4 l Kokosmilch
1 Bund Koriandergrün

1. Die Zwiebel und die Knoblauchzehe schälen und in feine Würfel schneiden.
2. Das Öl in einem Topf erhitzen und die Zwiebel- und Knoblauchwürfel darin anschwitzen.
3. Salz und die Hühnerbrühe dazugeben und aufkochen lassen.
4. Vom Chinakohl die äußeren Blätter entfernen, den Kohl halbieren, den Strunk keilförmig herausschneiden und den Chinakohl in feine Streifen schneiden.
5. Die Streifen zur Suppe geben und ca. 10 Minuten kochen lassen. Die Kokosmilch dazugeben und die Suppe nochmals unter ständigem Rühren aufkochen lassen.
6. Den Koriander waschen, trockenschleudern, die Blättchen abzupfen und die Suppe damit bestreuen. Heiß servieren.

Vorbereitungszeit: 15 Min.
Zubereitungszeit: 20 Min.
Pro Portion
ca. 409 kJ/97 kcal

Ebi non Suimono (Fischsuppe)

Japan

1 Stück getrockneter Seetang
125 g getrocknete Fischflocken
2 Tl Salz
1 Tl Sojasauce
200 g Rotbarschfilet
2 El Sake
4 Frühlingszwiebeln
3 Möhren
Brunnenkresse zum Bestreuen

1. Den Seetang gut waschen und mit 750 ml kaltem Wasser in einen Topf geben und aufkochen lassen. Den Seetang nun wieder herausnehmen.
2. Die Fischflocken in die kochende Brühe geben und darin 2 Minuten ziehen lassen. (Die Brühe darf nicht mehr kochen.) Die Fischbrühe anschließend durchsieben und mit Salz und der Sojasauce würzen.
3. Das Fischfilet in Streifen schneiden und mit dem Sake vermischen. Etwas durchziehen lassen.
4. Die Frühlingszwiebeln putzen, waschen und in feine Streifen schneiden. Die Möhren schälen und ebenfalls in feine Streifen schneiden.
5. Das Gemüse in die Suppe geben und ca. 4 Minuten garen lassen.
6. Die Fischstreifen mit dem Sake dazugeben und weitere 3 Minuten köcheln lassen.
7. Die Suppe mit Brunnenkresse bestreut servieren.

Vorbereitungszeit: 10 Min.
Zubereitungszeit: 20 Min.
Pro Portion
ca. 520 kJ/124 kcal

Nudelsuppe mit Garnelenbällchen

China

125 g rohe Garnelen ohne Schalen
30 g Schweinefett
1 Eiweiß
1 Msp. Salz
1 Msp. Glutamat
2 Tl Ingwerpulver
1 El Maisstärke
12 getrocknete Shitake-Pilze
1 kleine Dose Bambussprossen, in Streifen geschnitten
1 1/2 l Hühnerbrühe
200 g chinesische Eiernudeln

1. Die Garnelen zusammen mit dem Schweinefett durch die feine Scheibe des Fleischwolfes drehen.
2. Das Garnelenpüree mit dem Eiweiß, Salz, Glutamat, dem Ingwerpulver und der Maisstärke verkneten. Die Masse zu Bällchen drehen und in siedendem Salzwasser ca. 2 Minuten gar ziehen lassen.
3. Die Pilze mit kochendem Wasser übergießen und darin ca. 30 Minuten ausquellen lassen. Anschließend den Stiel herausdrehen und die Pilze in Streifen schneiden.
4. Die Bambussprossen auf ein Sieb geben und abtropfen lassen.
5. Die Hühnerbrühe zum Kochen bringen und die Nudeln mit den Pilzen darin gar kochen.
6. Die Bambussprossen und die Garnelenbällchen hineingeben, erhitzen und das Ganze servieren.

Vorbereitungszeit: 30 Min.
Zubereitungszeit: 30 Min.
Pro Portion
ca. 1667 kJ/
397 kcal

Fleischbällchen

Japan

250 g Rindergehacktes mit 1 Eiweiß, 1 Tl Ingwerpulver, 1 Tl Sake, Pfeffer, 1 Tl Sojasauce und 1 Tl Maisstärke vermengen. Aus der Masse Bällchen formen und in siedendem Salzwasser ca. 10 Minuten gar ziehen lassen. In der Nudelsuppe servieren und mit Brunnenkresseblättchen bestreuen.

Vorbereitungszeit: 30 Min.
Zubereitungszeit: 30 Min.
Pro Portion
ca. 1597 kJ/380 kcal

Gemüse-Tofu-Bällchen

Indonesien

250 g gemischtes Gemüse (Weißkohl, Möhren, Böhnchen, Zwiebeln, Chilischoten) fein hacken. 100 g Tofu ebenfalls fein hacken und alles miteinander vermengen. 1 El Tomatenmark, 1 Tl Ingwerpulver, 1 El Maisstärke und 1 Eiweiß dazugeben und aus der Masse kleine Bällchen formen. In siedendem Salzwasser gar ziehen lassen und in der Nudelsuppe servieren.

Vorbereitungszeit: 30 Min.
Zubereitungszeit: 30 Min.
Pro Portion
ca. 1452 kJ/345 kcal

Koreanische Zwiebelsuppe

Korea

250 g Rindfleisch aus der Keule
1 Knoblauchzehe
4 El Sojasauce
1 El Sesamsamen
Pfeffer
1 Tl Erdnußöl
5 Zwiebeln
1 Bund Schnittknoblauch

1. Das Rindfleisch waschen, trockentupfen und in Rauten schneiden.
2. Die Knoblauchzehe schälen und in feine Würfel schneiden.
3. Die Sojasauce mit den Sesamkörnern, Knoblauchwürfeln, Pfeffer und dem Fleisch mischen.
4. Das Öl erhitzen und die Fleischmischung darin kräftig anbraten.
5. Das Ganze mit 1 1/2 l Wasser ablöschen und das Fleisch darin ca. 35 Minuten köcheln lassen.
6. Die Zwiebeln schälen und in Ringe schneiden. 15 Minuten vor Ende der Garzeit in die Suppe geben und weich garen.
7. Den Schnittknoblauch waschen, trockenschleudern und in Ringe schneiden. Über die Suppe streuen und servieren.

Vorbereitungszeit: 20 Min.
Zubereitungszeit: 45 Min.
Pro Portion
ca. 639 kJ/152 kcal

TIP

Die Suppe erhält eine zusätzliche pikante Note, wenn Sie 2/3 der Zwiebelringe mitkochen und 1/3 knusprig ausbacken. Auf einem Küchentuch kurz abtropfen lassen, auf vorgewärmte Teller verteilen, die Suppe darüber geben und sofort servieren.

Scharfe Linsensuppe

Indien

250 g rote Linsen
Salz
1/2 Tl Gelbwurzpulver
125 g Kartoffeln
200 g kleine Zwiebeln
1 rote Paprikaschote
1 Chilischote
1 Stück Ingwerknolle (2 cm)
1 Tomate
1 Dose Mangofrüchte (125 g)
1 El Öl
Pfeffer
1 El Curry
1 Tl Garam masala

1. Die Linsen waschen und in 1 l Salzwasser ca. 30 Minuten kochen. Das Gelbwurzpulver unterrühren und das Ganze abkühlen lassen.
2. Die Kartoffeln schälen, in Würfel schneiden und in Salzwasser ca. 15 Minuten kochen lassen.
3. Die Zwiebeln schälen und halbieren. Die Paprika putzen, waschen, halbieren, entkernen und in feine Streifen schneiden. Die Chilischote ebenfalls putzen, waschen, halbieren, entkernen und in feine Streifen schneiden.
4. Die Ingwerwurzel schälen und in Würfel schneiden. Die Tomate enthäuten, entkernen und in Würfel schneiden.
5. Die Mangofrüchte mit der Flüssigkeit im Mixer pürieren. Die Linsen ebenfalls mit der Flüssigkeit pürieren.
6. Das Öl in einem Topf erhitzen und die Zwiebeln mit den Paprika-, Chili- und Ingwerwürfeln darin anbraten.
7. Die Linsen mit dem Mangopüree dazugeben und aufkochen lassen.
8. Die Kartoffel- und Tomatenwürfel ebenfalls dazugeben und die Suppe mit den Gewürzen scharf abschmecken und servieren.

Vorbereitungszeit: 20 Min.
Zubereitungszeit: 45 Min.
Pro Portion
ca. 1282 kJ/304 kcal

Entensuppe mit Brunnenkresse

China

400 g Entenbrust
4 Scheiben Ingwerwurzel (je 1 cm)
60 g geräucherter Schinken
250 g Brunnenkresse
2 El Sake
2 Tl Sojasauce
1 Tl Zucker

1. Die Entenbrust mit dem Ingwer und 1 1/2 l Wasser in einen Topf geben. Den Schinken in Würfel schneiden und ebenfalls dazugeben.
2. Das Ganze zum Kochen bringen, abschäumen und ca. 1 1/2–2 Stunden leicht köcheln lassen.
3. Die Brunnenkresse putzen, waschen und die Blättchen abzupfen.
4. Die Entenbrust herausnehmen und in Streifen schneiden. Zusammen mit der Brunnenkresse in die Suppe geben. Ca. 15 Minuten köcheln lassen.
5. Die Suppe mit Sake, Sojasauce und Zucker abschmecken und servieren.

Vorbereitungszeit: 15 Min.
Zubereitungszeit: 2 1/4 Std.
Pro Portion
ca. 1314 kJ/313 kcal

Currysuppe

Indonesien

125 g Hähnchenbrustfilet
2 El Öl
1 Tl gemahlene Cashewkerne
1 Msp. Currypulver
1/2 l Hühnerbrühe
100 g Kartoffeln
150 g grüne Bohnen
150 g Möhren
1 Lorbeerblatt
1/4 l Kokosmilch
Salz
1 El geröstete Zwiebeln (Fertigprodukt)

1. Das Hähnchenbrustfilet waschen, trockentupfen und in feine Streifen schneiden.
2. Das Öl erhitzen und die Fleischstreifen mit den Cashewkernen darin anbraten.
3. Das Currypulver darüber streuen und mit der Hühnerbrühe ablöschen. Das Ganze einmal aufkochen lassen.
4. Die Kartoffeln schälen und in Würfel schneiden. Die Böhnchen putzen, waschen und kleinschneiden. Die Möhren schälen und in Würfel schneiden.
5. Das Gemüse zusammen mit dem Lorbeerblatt in die Suppe geben und das Ganze ca. 20 Minuten kochen lassen.
6. Die Kokosmilch unter Rühren in die Suppe geben, erhitzen und das Ganze mit Salz abschmecken.
7. Die Suppe mit den Zwiebeln bestreuen und servieren.

Vorbereitungszeit: 20 Min.
Zubereitungszeit: 35 Min.
Pro Portion
ca. 750 kJ/178 kcal

Vorspeisen und Beilagen, würzige, duftende, knackige Leckerbissen

Die asiatische Küche kennt eine Fülle phantasievoller Kleinigkeiten und Beilagen – so zahlreich und auch so verschieden wie die einzelnen Völker, daß die Auswahl der Rezepte sehr schwer fällt.

Bengalische Brotfladen mit Minz-Chutney

Indien

250 g Kartoffeln
Salz
1 Zwiebel
375 g Mehl
3 El Öl
Butter zum Braten

Für das Chutney:

1 Bund Minze
1 Chilischote
2 Zwiebeln
1 Knoblauchzehe
Saft 1/2 Zitrone
Salz
Paprikapulver
1 Msp. Ingwerpulver
1 Msp. Garam masala
Minzezweige zum Garnieren

1. Die Kartoffeln waschen, schälen und in Salzwasser ca. 20 Minuten kochen lassen.
2. Die Zwiebel schälen und in feine Würfel schneiden.
3. Das Mehl mit Salz, dem Öl und der Zwiebel vermengen. Die Kartoffeln zerdrücken und dazugeben. Das Ganze zu einem einheitlichen Teig verkneten und in 4 Portionen teilen. Die Teigstücke zu Kreisen von 15 cm Durchmesser ausrollen.
4. Die Butter erhitzen und jeden Fladen einzeln von beiden Seiten je 5 Minuten backen.
5. Für das Minz-Chutney die Minze waschen, trockenschleudern und in einen Mixer geben.
6. Die Chilischote putzen, halbieren, entkernen und zu der Minze geben.
7. Die Zwiebeln und die Knoblauchzehe schälen, grob zerkleinern und ebenfalls in den Mixer geben.
8. Alles zusammen mit dem Zitronensaft pürieren und mit Salz, Paprikapulver, Ingwerpulver und Garam masala abschmecken. Das Chutney mit den Brotfladen anrichten, mit Minze garnieren und servieren.

Vorbereitungszeit: 30 Min.
Zubereitungszeit: 50 Min.
Pro Portion
ca. 1899 kJ/452 kcal

Süß-saure Appetithappen

China

12 Jakobsmuscheln
1 Frühlingszwiebel
1 dicke Scheibe Ingwerwurzel (1 cm)
Salz, 4 El Essig
2 Tl Zucker
1 El helle Sojasauce
1 Tl dunkle Sojasauce
2 El Sesamöl
1 Rettich
1 Dose Bambussprossen
2 dicke Möhren
Gurkenscheiben zum Garnieren

1. Die Jakobsmuscheln waschen.
2. Ausreichend Wasser mit der Frühlingszwiebel, der Ingwerscheibe und Salz zum Kochen bringen. Die Muscheln hineingeben und so lange kochen lassen, bis sich die Schalen öffnen.
3. Das Muschelfleisch herauslösen, erkalten lassen und in Scheiben schneiden.
4. Den Essig mit dem Zucker, den Sojasaucen und dem Sesamöl zu einer Marinade verrühren.
5. Den Rettich schälen und in fingerdicke Stifte schneiden.
6. Die Bambussprossen abgießen, abtropfen lassen und ebenfalls in fingerdicke Stifte schneiden.
7. Die Möhren schälen, in fingerdicke Stifte schneiden und mit einem Viertel der Marinade übergießen. Durchziehen lassen.
8. Die Jakobsmuscheln, den Rettich und die Bambussprossen ebenfalls mit je einem Viertel der Marinade übergießen und durchziehen lassen.
9. Die Appetithappen aus der Marinade nehmen, auf einer Platte anrichten und mit Gurkenscheiben garniert servieren.

Vorbereitungszeit: 15 Min.
Zubereitungszeit (ohne Marinierzeit): 20 Min.
Pro Portion
ca. 640 kJ/152 kcal

Gebratener Reis

China

300 g Reis
Salz
4 Eier
3 El Reiswein
1 El Sojasauce
Öl zum Braten
1 Stange Porree
200 g gemischtes Hackfleisch

1. Den Reis in ausreichend kochendem Salzwasser ca. 20 Minuten garen.
2. Die Eier verquirlen und mit dem Reiswein und 1 Tl Sojasauce vermengen.
3. Das Öl erhitzen, die Eimasse hineingeben und unter Rühren gar braten. Herausnehmen und auseinanderzupfen.
4. Den Porree putzen, waschen und in Ringe schneiden. Etwas Öl erhitzen und die Porreeringe anschwitzen. Herausnehmen.
5. Das Hackfleisch ebenfalls in Öl anbraten, dabei etwas zerbröseln und mit 1 Tl Sojasauce würzen. Herausnehmen und bereitstellen.
6. Den Reis abgießen, kalt abspülen und abkühlen lassen. Etwas Öl erhitzen und den Reis darin braten bzw. ihn erhitzen. Die restlichen Zutaten ebenfalls mit zu dem Reis geben und das Ganze mit der restlichen Sojasauce abschmecken. Den Reis anrichten und servieren.

Vorbereitungszeit: 20 Min.
Zubereitungszeit: 35 Min.
Pro Portion
ca. 1297 kJ/309 kcal

Bunter Nudelsalat

Thailand

75 g Glasnudeln
Salz
100 g Fischfilet
1 Gurke
1 gelbe Paprika
1 rote Paprika
2 Zwiebeln
2 rote Chilischoten
3 El Zitronensaft
1 El Zucker
2 El Fischsauce
1 Zweig Zitronenmelisse

1. Die Glasnudeln in kochendem Salzwasser ca. 2 Minuten kochen lassen. Abgießen, abschrecken und abkühlen lassen.
2. Das Fischfilet waschen, in mundgerechte Stücke schneiden und in siedendem Salzwasser ca. 10 Minuten garen lassen. Herausnehmen, abtropfen und auskühlen lassen.
3. Die Gurke putzen, waschen und in Scheiben schneiden. Die Paprikaschoten halbieren, entkernen und in Würfel schneiden.
4. Die Zwiebeln schälen und fein hacken. Die Chilischoten halbieren, entkernen und ebenfalls fein hacken.
5. Den Zitronensaft mit dem Zucker und der Fischsauce vermengen und die Zwiebel- und Chiliwürfel dazugeben.
6. Die Zitronenmelisse waschen, trockenschleudern, fein hacken und unter die Salatsauce geben.
7. Die Salatzutaten mit der Sauce mischen und den Nudelsalat anrichten und servieren.

Vorbereitungszeit: 10 Min.
Zubereitungszeit: 20 Min.
Pro Portion
ca. 738 kJ/175 kcal

Krabbenschnitten

Thailand

250 g ausgelöste, gekochte Krabben
2 Zwiebeln
2 Knoblauchzehen
Salz
Pfeffer
1 Tl Ingwerpulver
1 Tl Limonensaft
2 Eier
5 Scheiben Weißbrot ohne Rinde
Öl zum Braten
4 große Orangen

1. Die Krabben waschen, trockenschleudern und fein hacken.
2. Die Zwiebeln und die Knoblauchzehen schälen und in feine Würfel schneiden. Zu dem Krabbenfleisch geben.
3. Das Ganze mit Salz, Pfeffer, Ingwerpulver und Limonensaft abschmecken.
4. Die Eier dazugeben und gut verkneten. Die Masse auf die Brotscheiben streichen.
5. Die Brotscheiben nun in mundgerechte Stücke schneiden. Das Öl erhitzen und die Krabbenschnitten mit der „Fleischseite" nach unten hineingeben. Braun braten und anschließend umdrehen, so daß die Brotseite gebräunt werden kann.
6. Die Orangen schälen, filetieren und die einzelnen Filets vom Rücken her einschneiden, ohne sie ganz zu zerteilen.
7. Die Orangenfilets auseinanderklappen und die Krabbenschnitten darauf anrichten.

Vorbereitungszeit: 15 Min.
Zubereitungszeit: 20 Min.
Pro Portion
ca. 1371 kJ/326 kcal

Eier in Chilisauce

Indonesien

2 Zwiebeln
2 Knoblauchzehen
3 rote Chilischoten
2 El Sesamöl
3 Tomaten
1/4 l Hühnerbrühe
1/4 l Kokosmilch
1 Tl Sambal Oelek
1 Tl Zucker
4 hartgekochte Eier
Koriandergrün zum Garnieren

1. Die Zwiebeln und die Knoblauchzehen schälen und in feine Würfel schneiden.
2. Die Chilischoten halbieren, entkernen und ebenfalls in feine Würfel schneiden.
3. Das Öl erhitzen und die Zwiebelwürfel mit dem Knoblauch und den Chilischoten darin anbraten.
4. Die Tomaten enthäuten, den grünen Stielansatz entfernen und grob hacken. Zu den Zwiebeln geben.
5. Das Ganze mit der Hühnerbrühe und der Kokosmilch unter Rühren ablöschen und aufkochen lassen. Die Sauce ca. 15 Minuten köcheln lassen. Mit Sambal Oelek und Zucker abschmecken.
6. Die Eier pellen und je nach Geschmack halbieren oder ganz in die Sauce geben und erhitzen.
7. Die Eier mit der Sauce anrichten und mit Koriandergrün garniert servieren.

Vorbereitungszeit: 15 Min.
Zubereitungszeit: 30 Min.
Pro Portion
ca. 772 kJ/184 kcal

Rindfleisch-Spießchen mit Chili-Erdnuß-Sauce

Malaysia

500 g mageres Rindfleisch
2 Zwiebeln
2 Knoblauchzehen
1 El brauner Zucker
2 El Currypulver
1 Prise gemahlener Kreuzkümmel
3 Nelken
1 El Erdnußbutter

Für die Sauce:

2 Chilischoten
3 El Sesamöl
2 Tl Erdnußbutter
1 Tl Krabbenpaste
2 Tl brauner Zucker
1 El Zitronensaft

1. Das Rindfleisch waschen, trockentupfen und in Streifen schneiden.
2. Die Zwiebeln und die Knoblauchzehen schälen und in Würfel schneiden. Mit dem Zucker, dem Currypulver, dem Kreuzkümmel, den Nelken und der Erdnußbutter vermischen. So viel Wasser dazugeben, daß eine geschmeidige Paste entsteht.
3. Das Fleisch damit bestreichen und auf Spieße stecken. Die Spieße von allen Seiten knusprig braun und gar grillen.
4. Für die Sauce die Chilischoten halbieren, entkernen und in feine Würfel schneiden.
5. Das Sesamöl erhitzen und die Chilischoten zusammen mit der Erdnußbutter, der Krabbenpaste und dem Zucker darin anschwitzen.
6. Den Zitronensaft dazugeben und das Ganze ca. 30 Minuten köcheln lassen. Als Sauce zu den Spießen servieren.

Vorbereitungszeit: 20 Min.
Zubereitungszeit: 40 Min.
Pro Portion
ca. 1294 kJ/308 kcal

Zwiebelcreme

Indien

2 Zwiebeln, 2 Chilischoten und 1 Knoblauchzehe in feine Würfel schneiden. Das Ganze mit 1 Tl Zucker, 1 Tl Garam masala, 2 El Zitronensaft und 2 El Wasser in einen Mixer geben und pürieren. Die Zwiebelcreme zu den Spießen servieren.

Vorbereitungszeit: 20 Min.
Zubereitungszeit: 20 Min.
Pro Portion
ca. 919 kJ/219 kcal

Tomatencreme

Indonesien

300 g Tomaten enthäuten, entkernen und in feine Würfel schneiden. Mit 1 Tl Garnelenpaste und 2 El fein gehackten Korianderblättern verrühren und ca. 2 Stunden durchziehen lassen. Als Sauce zu den Rindfleischspießen servieren.

Vorbereitungszeit: 20 Min.
Zubereitungszeit (ohne Wartezeit): 15 Min.
Pro Portion
ca. 959 kJ/228 kcal

Indonesische Nudelpfanne

Indonesien

1 l Kokosmilch
5 Chilischoten
1 Tl Krebspaste
1/2 Tl Salz
2 El Kokosflocken
2 Tl Korianderkörner
1 Bund Koriandergrün
300 g asiatische Eiernudeln
Erdnußöl zum Braten

1. Die Kokosmilch ca. 30 Minuten bei kleiner Hitze kochen lassen. Dabei ab und zu umrühren.
2. Die Chilischoten halbieren, entkernen und fein hacken.
3. Die Krebspaste mit den Chiliwürfeln, Salz, den Kokosflocken und den Korianderkörnern in einen Mörser geben und zerdrücken. Die Masse in die Kokosmilch geben und erhitzen.
4. Das Koriandergrün waschen, trockenschleudern und die Blättchen abzupfen. Das Koriandergrün in die Sauce geben.
5. Die Nudeln in ausreichend Salzwasser laut Packungsanweisung garen. Abgießen und abtropfen.
6. Das Öl erhitzen und die Nudeln darin anbraten. die Sauce dazugießen und aufkochen lassen.
7. Die Nudeln anrichten und servieren.

Vorbereitungszeit: 30 Min.
Zubereitungszeit: 30 Min.
Pro Portion
ca. 1584 kJ/377 kcal

TIP

Chilischoten müssen immer sorgfältig entkernt werden, da bei ihnen, wie in allen anderen Paprikagewächsen, die Schärfe zum größten Teil in den Samenkörnchen liegt. Wenn Sie empfindliche Hände haben, sollten Sie den kleinen, roten Teufelchen nur mit Handschuhen zu Leibe rücken.

„Tempura", Ausgebackenes

Japan

4 Shitake-Pilze
400 g Rotbarschfilet
4 Garnelen ohne Schale
1 Aubergine
1 Rettich
Mehl zum Wenden
3 Eigelb
100 g Mehl
Öl zum Ausbacken
3 El Reiswein
6 El Sojasauce
1 Stück Ingwerwurzel (2 cm)
1 Chilischote
1 Msp. Salz

1. Die Shitake-Pilze putzen und in mundgerechte Stücke schneiden.
2. Das Rotbarschfilet waschen, trockentupfen und ebenfalls in mundgerechte Stücke schneiden. Die Garnelen säubern und bereitstellen.
3. Die Aubergine putzen, waschen, trockenreiben und in 1 cm dicke Scheiben schneiden. Den Rettich schälen und in mundgerechte Stücke schneiden.
4. Die Gemüse- und Fischstücke in Mehl wenden.
5. Das Eigelb mit dem Mehl und 1/8 l eiskaltem Wasser verrühren. Die Gemüse- und Fischstücke portionsweise durch den Teig ziehen und anschließend in heißem Fett knusprig ausbacken.
6. Den Reiswein mit der Sojasauce mischen. Die Ingwerwurzel schälen und in feine Würfel schneiden. Die Chilischote halbieren, entkernen und fein hacken. Zusammen mit den Ingwerwürfeln und dem Salz in die Sauce geben.
7. Die ausgebackenen Teilchen mit der Sauce anrichten und servieren.

Vorbereitungszeit: 20 Min.
Zubereitungszeit: 20 Min.
Pro Portion
ca. 1454 kJ/346 kcal

Chinakohlbeutel

Vietnam

500 g Seefischfilet
Salz
250 g gekochter Reis
3 getrocknete Chilischoten
1 Tl getrocknetes Zitronengras
1 Tl schwarze Pfefferkörner
1 Tl Pimentkörner
8 Chinakohlblätter
8 dünne Streifen Lauch zum Zusammenbinden der Chinakohlbeutel
als Beilage Maggi Asia Nudelsnack Chili Garnele

1. Das Fischfilet waschen und in Salzwasser ca. 10 Minuten gar ziehen lassen.
2. Anschließend das Fischfilet pürieren.
3. Den Reis mit dem Fischpüree mischen.
4. Die Chilischoten mit dem Zitronengras, den Pfefferkörnern und den Pimentkörnern in einem Mörser zerstoßen. Die Reis-Fisch-Mischung damit abschmecken.
5. Die Chinakohlblätter in kochendem Salzwasser ca. 1 Minute blanchieren. Herausnehmen und abtropfen lassen.
6. Mit einem Teelöffel die Füllung auf die Chinakohlblätter verteilen. Die Blätter oben zusammenfassen und mit den Lauchstreifen zusammenbinden.
7. Die Chinakohlbeutel in heißem Salzwasser erhitzen, herausnehmen, anrichten und servieren. Als Beilage Maggi Asia Nudelsnack Chili Garnele reichen.

Vorbereitungszeit: 15 Min.
Zubereitungszeit: 20 Min.
Pro Portion
ca. 700 kJ/166 kcal (ohne Beilage)

Reiskroketten mit Zitronendip

Korea

250 g gemischtes Hackfleisch
2 El Sesamsamen
150 g gekochte Perlgraupen
150 g gekochter Langkornreis
2 El Sojasauce
Pfeffer
Salz
1 Knoblauchzehe
2 Eier
3 El Mehl
Öl zum Ausbacken
1 Stengel Zitronengras
2 Zitronen
2 El Fischsauce
2 El Reisweinessig
1 Stück Ingwerwurzel (2 cm)

1. Das Hackfleisch mit dem Sesam, den Graupen und dem Reis mischen. Die Fleischmasse mit der Sojasauce, Pfeffer und Salz abschmecken.
2. Die Knoblauchzehe schälen, mit Salz zerreiben und zusammen mit den Eiern in den Fleischteig geben.
3. Aus der Masse Kroketten formen und in Mehl wenden.
4. Das Öl erhitzen und die Kroketten darin von allen Seiten braun und gar braten.
5. Das Zitronengras putzen und grob zerkleinern. Die Zitronenschalen abreiben und den Saft der Zitronen auspressen.
6. Zitronengras, Zitronenschale und -saft, die Fischsauce und den Reisweinessig in einen Topf geben.
7. Die Ingwerwurzel schälen, grob zerkleinern und dazugeben. Alles zusammen einmal aufkochen lassen. Das Zitronengras herausnehmen und den Rest pürieren.
8. Die Reiskroketten mit dem Zitronendip servieren.

Vorbereitungszeit: 15 Min.
Zubereitungszeit: 20 Min.
Pro Portion
ca. 2986 kJ/473 kcal

Gebackene Tofubällchen

Indonesien

350 g Tofu
1 Ei
1 Zwiebel
2 Knoblauchzehen
1 Bund Frühlingszwiebeln
1 Tl Sojasauce
1 Tl Fünf-Gewürz-Pulver
Sesamöl zum Ausbacken

Für die Sauce:

2 Knoblauchzehen
1 El Öl
2 El Erdnußbutter
2 El Sojasauce
1 Msp. Paprikapulver

1. Den Tofu zerdrücken und mit dem Ei mischen.
2. Die Zwiebel und die Knoblauchzehen schälen und fein würfeln.
3. Die Frühlingszwiebeln putzen und in Ringe schneiden. Alles miteinander vermengen.
4. Die Masse mit Sojasauce und dem Gewürzpulver abschmecken und zu Bällchen formen.
5. Das Öl erhitzen und die Tofubällchen darin ausbacken.
6. Für die Sauce die Knoblauchzehen schälen, fein würfeln und in dem Öl anschwitzen. Die Erdnußbutter hineinrühren und das Ganze mit 1/2 l Wasser ablöschen. Die Sauce aufkochen lassen und mit der Sojasauce und Paprikapulver abschmecken.
7. Die Tofubällchen mit der Sauce anrichten und servieren.

Vorbereitungszeit: 15 Min.
Zubereitungszeit: 25 Min.
Pro Portion
ca. 836 kJ/199 kcal

Omelett „Mandarin“

China

10 getrocknete Muerr-Pilze
1 Bund Frühlingszwiebeln
1 Stück Ingwerwurzel (2 cm)
200 g Sojabohnenkeime
1/8 l Hühnerbrühe
1 El Austernsauce
1 El Sojasauce
1 Tl Zucker, 1/2 El Speisestärke
3 Eiweiß, 2 Eier
2 El Hühnerbrühe
Salz, Öl zum Braten

1. Die Pilze mit kochendem Wasser übergießen und ausquellen lassen. Anschließend in Streifen schneiden.
2. Die Frühlingszwiebeln putzen, waschen und in Ringe schneiden. Die Ingwerwurzel schälen und fein würfeln. Die Sojabohnenkeime putzen, waschen und trockenschleudern.
3. Die Hühnerbrühe mit der Austern- und Sojasauce, dem Zucker und der Speisestärke verrühren. Bereitstellen.
4. Das Eiweiß steif schlagen. Die Eier mit 2 El Hühnerbrühe und Salz schaumig rühren. Das Eiweiß vorsichtig unterheben.
5. Etwas Öl erhitzen und portionsweise aus dem Teig Omeletts ausbacken.
6. In einer zweiten Pfanne oder im Wok etwas Öl erhitzen und das Gemüse darin anbraten. Die zusammengerührte Sauce dazugeben und das Ganze unter Rühren gar schmoren lassen. Das Gemüse sollte noch bißfest sein.
7. Die Omeletts mit dem Gemüse anrichten und servieren.

Vorbereitungszeit: 15 Min.
Zubereitungszeit: 20 Min.
Pro Portion
ca. 499 kJ/119 kcal

Maispfannkuchen mit Gurkenpüree

Indonesien

2 Zwiebeln
2 Knoblauchzehen
1 rote Paprikaschote
340 g Maiskörner aus der Dose
2 Eier
1 El Mehl
1 Msp. Korianderpulver
1/2 Tl Kurkuma
Salz
Öl zum Braten
1 Gurke
1 Bund Frühlingszwiebeln
1 El Zitronensaft
1 El Reisweinessig
1 Tl Salz
1 Tl Zucker
1 Tl Sojasauce

1. Die Zwiebeln und die Knoblauchzehen schälen und in feine Würfel schneiden.
2. Die Paprikaschote halbieren, entkernen und in feine Würfel schneiden.
3. Die Maiskörner auf ein Sieb geben und abtropfen lassen. Anschließend mit den Zwiebel-, Knoblauch- und Paprikawürfeln vermengen.
4. Die Eier mit dem Mehl und den Gewürzen dazugeben.
5. Das Öl erhitzen und aus dem Teig portionsweise kleine Pfannkuchen ausbacken.
6. Die Gurke schälen und in grobe Stücke schneiden.
7. Die Frühlingszwiebeln putzen, waschen und in breite Streifen schneiden.
8. Den Zitronensaft mit dem Reisweinessig, Salz, Zucker und der Sojasauce erhitzen.
9. Die Gurkenstücke mit den Frühlingszwiebeln mischen und die warme Sauce darüber gießen. Ca. 10 Minuten durchziehen lassen.
10. Das Ganze fein pürieren und als Sauce zu den Maispfannkuchen servieren.

Vorbereitungszeit: 15 Min.
Zubereitungszeit: 35 Min.
Pro Portion
ca. 861 kJ/205 kcal

Philippinische Teigrollen

Philippinen

1 Hähnchenbrustfilet
2 Knoblauchzehen
1 Zwiebel
200 g Tofu
300 g Weißkohl
300 g Süßkartoffeln
1 El Erdnußöl
200 g gekochte, ausgelöste Krabben
150 g Stangensellerie
2 El Sojasauce
1 El brauner Zucker
500 g Mehl
1 El Salz
1 Ei
Öl zum Braten

1. Das Hähnchenbrustfilet waschen und in Wasser gar kochen lassen. Anschließend abkühlen lassen und in Streifen schneiden.
2. Die Knoblauchzehen und die Zwiebel schälen und beides in feine Würfel schneiden.
3. Den Tofu ebenfalls in Würfel schneiden.
4. Den Weißkohl putzen, waschen und in feine Streifen hobeln.
5. Die Süßkartoffeln schälen und in Würfel schneiden.
6. Das Öl erhitzen und das Fleisch mit den Knoblauch-, Zwiebel- und Tofuwürfeln, dem Weißkohl und den Süßkartoffeln darin anbraten.
7. Die Krabben dazugeben und kurz mit anbraten.
8. Den Stangensellerie putzen, in Scheiben schneiden und zu dem Fleisch und Gemüse geben.
9. Die Sojasauce mit dem Zucker mischen und in die Pfanne geben. Das Ganze ca. 10 Minuten schmoren lassen.
10. Das Mehl mit dem Salz, dem Ei und ca. 1 l Wasser zu einem geschmeidigen Teig rühren.
11. Öl in einer Pfanne erhitzen und aus dem Teig portionsweise dünne Teigplatten ausbacken.
12. Jeweils 2 El der Füllung auf die Teigplatten geben, diese zusammenrollen und servieren.

Vorbereitungszeit: 35 Min.
Zubereitungszeit: 45 Min.
Pro Portion
ca. 3058 kJ/728 kcal

Sushi mit Forellenfilet

Japan

2 dünne Forellenfilets (je 100 g)
2 El Salz
250 g Rundkornreis
1 El Reiswein
2 El Reisweinessig
2 Tl Zucker
6 El Reisessig
Korianderblätter zum Garnieren

1. Die Forellenfilets waschen und von jeder Seite gut mit Salz einreiben. 1 Stunde ruhen lassen.
2. Den Reis unter fließendem, kaltem Wasser so lange abspülen, bis das Wasser klar bleibt.
3. Den Reis mit ca. 600 ml Wasser, dem Reiswein und 1 El Reisweinessig in einen Topf geben und zum Kochen bringen. Den Reis bei mittlerer Hitze ca. 15 Minuten garen lassen. Den Reis abgießen, abschrecken, mit dem restlichen Reisweinessig und dem Zucker vermischen und abkühlen lassen.
4. Das Salz von den Forellenfilets gründlich abwaschen und die Filets in eine flache Schüssel legen.
5. Den Reisessig auf die Forellenfilets gießen und das Ganze ca. 20 Minuten marinieren.
6. Die Fischfilets anschließend jeweils in 4 Portionen schneiden.
7. Den Reis in 8 Portionen teilen und in der Größe der Fischstücke flach drücken. Die Forellenfilets daraufpressen und das Ganze mit Korianderblättern garniert servieren.

Vorbereitungszeit (ohne Marinierzeit): 25 Min.
Zubereitungszeit: 15 Min.
Pro Portion
ca. 544 kJ/129 kcal

Sushi mit Shrimps

Japan

16 mittelgroße Spinatblätter
250 g Rundkornreis
1 El Sake
3 El Reisessig
1/2 l Reiswein
2 Tl Zucker
1 Tl Salz
16 gekochte, ausgelöste Shrimps
3 El Reisweinessig
2 El Mirin (süßer Reiswein)
etwas Zucker

1. Die Spinatblätter waschen und in kochendem Wasser ca. 2 Minuten blanchieren. Anschließend abtropfen lassen, auslegen und trockentupfen.
2. Den Reis unter fließendem, kaltem Wasser so lange abspülen, bis das Wasser klar bleibt. Anschließend den Reis mit ca. 600 ml Wasser und dem Sake aufkochen lassen. Bei verringerter Hitzezufuhr ca. 15 Minuten garen lassen.
3. Den Reis abgießen, abschrecken und mit dem Reisessig, dem Reiswein, Zucker und Salz vermengen. Das Ganze abkühlen lassen.
4. Die Shrimps am Rücken entlang einschneiden, den Darm entfernen und die Shrimps in eine flache Schüssel legen.
5. Den Reisweinessig mit dem Mirin und etwas Zucker vermischen und die Shrimps in dieser Sauce ca. 10 Minuten marinieren.
6. Den Reis in 16 Portionen teilen und auf die Spinatblätter verteilen. Jeweils einen Shrimp auf den Reis legen und mit dem Spinatblatt fest umwickeln. Die Sushis auf einer Platte angerichtet servieren.

Vorbereitungszeit (ohne Marinierzeit): 20 Min.
Zubereitungszeit: 20 Min.
Pro Portion
ca. 813 kJ/193 kcal

Fleischgerichte, kulinarische Schätze besonderer Art

In der asiatischen Küche ist eine korrekte Zubereitung des Fleisches wichtiger als teure Zutaten. Im Gegensatz zur westlichen Küche nimmt die Vorbereitung viel mehr Zeit in Anspruch als das Kochen. Der wichtigste Schritt dabei ist das Schneiden, das ausschließlich in der Küche und nie bei Tisch geschieht.

Lammschmortopf

Indien

1 kg Lammfleisch
1 Zwiebel
1 Stück Ingwerwurzel (2 cm)
1 Tl Garam masala
1 Tl Salz
2 El Öl
250 g Reis
1 Msp. Kurkuma
4 Nelken

1. Das Fleisch waschen, trockentupfen und in mundgerechte Stücke schneiden.
2. Die Zwiebel und die Ingwerwurzel schälen und in grobe Stücke schneiden. Beides zusammen mit dem Fleisch, Garam masala, Salz und ausreichend Wasser zum Kochen bringen und ca. 1 Stunde schmoren lassen. Anschließend das Fleisch herausnehmen, die Brühe durchsieben und beides bereitstellen.
3. Das Öl erhitzen und den Reis darin anschwitzen. 3/4 l der Lammbrühe, Kurkuma und die Nelken dazugeben und aufkochen lassen. Den Reis darin ca. 20 Minuten leicht köcheln lassen. Die Flüssigkeit muß am Ende der Garzeit verkocht sein.
4. Das Fleisch unter den Reis heben und den Lammschmortopf anrichten.

Vorbereitungszeit: 15 Min.
Zubereitungszeit: 1 Std.
Pro Portion
ca. 1874 kJ/446 kcal

Fleischbällchen in Reisblättern

Vietnam

1 Kopf Salat
ca. 20 kleine Reisblätter
60 g Erdnußcreme
1 Msp. getrocknete, gemahlene Chilischoten
2 El Limonensaft
6 El Austernsauce
1/8 l Kokosmilch
500 g gemischtes Hackfleisch
1 Bund Schnittlauch
2 Knoblauchzehen
1 Frühlingszwiebel
1 Tl feingehacktes Zitronengras
2 El Reiswein
1 Ei
1 El Kartoffelmehl
1 El Sesamöl
Salz, Pfeffer
Fett zum Anbraten

1. Den Salat zerpflücken, waschen und gut abtropfen lassen. Bereitstellen.
2. Die Reisblätter in Wasser einweichen.
3. Die Erdnußcreme mit dem Chilipulver, dem Limonensaft, der Austernsauce und Kokosmilch zu einer Sauce verrühren und ebenfalls bereitstellen.
4. Das Hackfleisch in eine Schüssel geben.
5. Den Schnittlauch waschen, trockenschleudern und in feine Röllchen schneiden. Danach zu dem Hackfleisch geben. Etwas zur Garnitur zurückhalten.
6. Die Knoblauchzehen und die Frühlingszwiebel schälen und fein hacken. Zusammen mit dem Zitronengras, dem Reiswein, dem Ei, dem Kartoffelmehl und dem Sesamöl zu dem Hackfleisch geben. Das Ganze zu einer einheitlichen Masse verkneten. Den Fleischteig mit Salz und Pfeffer kräftig abschmecken.
7. Aus dem Hackfleischteig kleine Bällchen formen und diese in einer Pfanne von allen Seiten kräftig an- und braun braten. Herausnehmen und abtropfen lassen.
8. Jedes Fleischbällchen erst in ein Salatblatt und dann in ein Reisblatt wickeln und auf Tellern anrichten. Mit den restlichen Schnittlauchröllchen bestreuen und zusammen mit der Sauce sofort servieren.

Vorbereitungszeit: 20 Min.
Zubereitungszeit: 20 Min.
Pro Portion
ca. 1948 kJ/464 kcal

Würziges Rindfleisch

Indonesien

750 g Rinderfilet
1 Dose Chinesische Gemüsemischung (220 g Abtropfgewicht)
3 El Erdnußöl zum Braten
2 cm frischer Ingwer
1 kleine Knoblauchzehe
1/2 Tasse Gemüsebrühe
6 El Weißweinessig
2–3 Tl Kartoffelstärke
4 El Tomatenketchup
Salz
Pfeffer

1. Das Rinderfilet in Frischhaltefolie wickeln und für ca. 1 Stunde in den Gefrierschrank legen. Dadurch läßt das Fleisch sich besser zerkleinern. Nachdem das Rinderfilet etwas angefroren ist, herausnehmen und in hauchdünne Scheiben schneiden.
2. Das Gemüse auf ein Sieb geben und abtropfen lassen. Die Flüssigkeit dabei auffangen und bereitstellen.
3. Das Öl in einer Pfanne sehr stark erhitzen. Das Fleisch hineingeben und von allen Seiten scharf anbraten. Herausnehmen und warm stellen.
4. Das abgetropfte Gemüse in die Pfanne geben und ebenfalls kräftig anbraten. Herausnehmen und warm stellen.
5. Den Ingwer und die Knoblauchzehe schälen und in feine Würfel schneiden. In dem Bratfett kurz anschwitzen und mit der Brühe, dem Essig, der Kartoffelstärke und dem Ketchup auffüllen. Aufkochen und ca. 5–6 Minuten köcheln lassen. Mit Salz und Pfeffer abschmecken.
6. Das Gemüse und das Fleisch wieder in die Sauce geben und erhitzen. Das Ganze sofort servieren. Als Beilage eignet sich gedämpfter schwarzer Reis, der in einem Bambuskorb zugedeckt über Wasserdampf gegart wird.

Vorbereitungszeit: 1 Std.
Zubereitungszeit: 15 Min.
Pro Portion
ca. 1624 kJ/386 kcal

Auberginen im Einetz

Thailand

4 kleine Auberginen
50 g gehackte Cashewkerne
1 Knoblauchzehe
3 Stengel Zitronengras
1 Frühlingszwiebel
4 Eier
300 g Rinderhackfleisch
Chilisauce
Öl zum Fritieren
100 g Mehl

1. Die Auberginen putzen, waschen, den grünen Strunk entfernen und das Innere bis auf einen Rand von ca. 1,5–2 cm herauslösen. Das herausgelöste Fruchtfleisch fein hacken.
2. Die Cashewkerne in einer Pfanne ohne Fett rösten. Die Knoblauchzehe schälen und fein hacken.
3. Das untere Ende des Zitronengrases abschneiden, waschen und fein hacken. Die Frühlingszwiebel ebenfalls fein hacken.
4. Alles zusammen mit einem Ei und dem Auberginenhack zu dem Rindfleisch geben und miteinander vermengen. Die Fleischmasse mit Chilisauce abschmecken und in die Auberginen füllen.
5. Das Öl in einer tiefen Pfanne erhitzen.
6. 60 g von dem Mehl mit etwas Wasser zu einem glatten Teig verrühren. Die Auberginen erst in dem restlichen Mehl und dann in dem Teig wenden.
7. Die Auberginen in dem heißen Fett ca. 3 Minuten fritieren. Herausnehmen und auf Küchenpapier gut abtropfen lassen.
8. Für das Einetz die restlichen Eier verquirlen und in einen Spritzbeutel mit sehr feiner Tülle füllen. Eine beschichtete Pfanne mit etwas Öl leicht erhitzen und die Eimasse portionsweise, netzartig hineingeben. Stocken lassen und vorsichtig herausnehmen. Man braucht 4 Einetze.
9. Die Auberginen in Scheiben schneiden und auf je einem Einetz anrichten.

Vorbereitungszeit: 30 Min.
Zubereitungszeit: 20 Min.
Pro Portion:
ca. 2073 kJ/493 kcal

Schweinefleisch mit Kokossauce

Thailand

- *6 große Muerr-Pilze*
- *500 g mageres Schweinefleisch*
- *1 Tl Kartoffelstärke*
- *1/2 rote Paprikaschote*
- *1/2 gelbe Paprikaschote*
- *2 El Sesamöl*
- *3/8 l Kokosmilch (Fertigprodukt)*
- *2 El Austernsauce*
- *Salz*
- *Pfeffer*
- *Zucker*

1. Ca. 1/2 l Wasser zum Kochen bringen und über die Muerr-Pilze gießen. Die Pilze darin ca. 20 Minuten einweichen. Das Einweichwasser kann man später wiederverwenden. Zu dick gewordene Sauce kann man z.B. mit der Flüssigkeit verlängern.
2. Das Fleisch in dünne Streifen schneiden und in der Kartoffelstärke wenden.
3. Die Paprikaschoten putzen, waschen, entkernen und in Rauten schneiden. Die Pilze ausdrücken und eventuell zerkleinern.
4. Das Öl in einer Pfanne sehr stark erhitzen und die Fleischstreifen darin anbraten. Herausnehmen und warm stellen.
5. Die Pilze mit den Paprikarauten in die Pfanne geben und ebenfalls stark anbraten.
6. Das Fleisch wieder dazugeben und mit der Kokosmilch auffüllen. Mit der Austernsauce, Salz, Pfeffer und Zucker abschmecken und einige Minuten einkochen lassen. Anrichten und sofort servieren.

Vorbereitungszeit: 20 Min.
Zubereitungszeit: 20 Min.
Pro Portion
ca. 1044 kJ/261 kcal

Teriyaki-Steaks

Japan

- *4 Rumpsteaks (je ca. 150 g)*
- *2 Tl Zucker*
- *1 El Reiswein*
- *3 El Sojasauce*
- *1 El Sesamöl*
- *1 dicke Möhre*
- *150 g Rettich*
- *2 cm frische Ingwerwurzel*
- *6 El Branntweinessig*
- *4 El Erdnußöl*
- *1/2 Bund Schnittlauch*
- *2 El Kürbiskerne*
- *1/2 Orange zum Garnieren*

1. Die Steaks waschen, trockentupfen und in eine flache Schüssel legen.
2. 1 Tl Zucker mit dem Reiswein, der Sojasauce und dem Öl verrühren und über die Steaks geben. Das Fleisch darin ca. 30 Minuten marinieren.
3. In der Zwischenzeit die Möhre, den Rettich und den Ingwer schälen und in feine Streifen schneiden.
4. Den Essig mit dem restlichen Zucker und 1 El Öl zu einer Sauce rühren und über das Gemüse geben. Die Gemüsestreifen darin ca. 10 Minuten durchziehen lassen.
5. Den Schnittlauch waschen, trockenschleudern und in feine Röllchen schneiden. Die Kürbiskerne in einer Pfanne ohne Fett rösten. Beides bereitstellen.
6. Die Rumpsteaks aus der Marinade nehmen, abtropfen lassen und in dem restlichen, stark erhitzten Öl von jeder Seite ca. 2–3 Minuten braten.
7. Die Steaks herausnehmen, in mundgerechte Stücke schneiden und zusammen mit den abgetropften Gemüsestreifen servieren. Die Orange waschen und einen langen, dünnen Streifen von der Orangenschale abreißen. Das Ende des Streifens sollte noch an der Orange fest sein. Die Orange dann in Scheiben schneiden und das Gericht damit garnieren. Mit den Schnittlauchröllchen und Kürbiskernen bestreuen und sofort servieren.

Vorbereitungszeit: 30 Min.
Zubereitungszeit: 15 Min.
Pro Portion
ca. 1708 kJ/406 kcal

Leberpfanne auf Chinesische Art

China

4 getrocknete Muerr-Pilze
2 Knoblauchzehen
1 Zwiebel
3 Frühlingszwiebeln
450 g Rinder- oder Kalbsleber
Öl zum Braten
3 El helle Sojasauce
schwarzer Pfeffer
2 El Hoisin-Sauce
1 El Speisestärke

1. Die Muerr-Pilze mit kochendem Wasser übergießen und ca. 30 Minuten darin aufquellen lassen. Anschließend in Streifen schneiden.
2. Die Knoblauchzehen und die Zwiebel schälen und fein würfeln.
3. Die Frühlingszwiebeln putzen, waschen und in grobe Stücke schneiden.
4. Das Fleisch waschen, trockentupfen und in Streifen schneiden.
5. Das Öl erhitzen und die Zwiebeln und den Knoblauch darin anbraten.
6. Die Leberstreifen dazugeben und von allen Seiten gut anbraten.
7. Die Sojasauce mit Pfeffer, der Hoisin-Sauce, der Speisestärke und den Pilzstreifen mischen und zu der Leberpfanne gießen. Das Ganze ca. 15 Minuten schmoren lassen, anschließend anrichten und servieren.

Vorbereitungszeit: 30 Min.
Zubereitungszeit: 25 Min.
Pro Portion
ca. 1688 kJ/402 kcal

Leberpfanne auf Balinesische Art

Bali

Diese Leberpfanne wird ähnlich der Chinesischen zubereitet. Allerdings kommen als zusätzliche Gewürze gemahlenes Kurkuma, Chilipulver und 1 Lorbeerblatt in die Sauce. Außerdem wird die Leberpfanne noch mit 1 El feingewürfelten Tomaten verfeinert.

Vorbereitungszeit: 30 Min.
Zubereitungszeit: 25 Min.
Pro Portion
ca. 1696 kJ/404 kcal

Leberpfanne auf Thailändische Art

Thailand

450 g Leberstreifen werden zusammen mit 1 gewürfelten Knoblauchzehe, 1 gewürfelten Zwiebel, 1 fein gehackten Chilischote, 2 Stengeln fein geschnittenem Zitronengras und gehacktem Koriander angebraten. Mit etwas Speisestärke bestäuben und mit 3 El Wasser ablöschen, aufkochen lassen, 2 fein gestiftelte Möhren dazugeben und das Ganze ca. 15 Minuten köcheln lassen.

Vorbereitungszeit: 30 Min.
Zubereitungszeit: 25 Min.
Pro Portion
ca. 1738 kJ/414 kcal

Große Mongolische Fleisch-Gemüse-Pfanne

Mongolei

500 g Rinderfilet
1/4 l Sojasauce
2 El Reiswein
1 Tl Zucker
2 Zwiebeln
1 Stück Ingwerwurzel (5 cm)
1 rote Paprikaschote
1 Aubergine
1/2 Chinakohl
100 g Shitake-Pilze
Öl zum Braten
1 Tl Speisestärke

1. Das Filet waschen, trockentupfen und in 1 cm dicke Scheiben schneiden.
2. Die Sojasauce mit dem Reiswein und dem Zucker mischen. Die Fleischscheiben in diese Marinade legen und darin ca. 30 Minuten ziehen lassen.
3. In der Zwischenzeit das Gemüse putzen und waschen bzw. schälen. Die Zwiebeln in Ringe, den Ingwer in Scheiben, die Paprika in Ringe, die Aubergine in Scheiben, den Chinakohl in Streifen und die Shitake-Pilze in Scheiben schneiden.
4. Das Fleisch aus der Marinade nehmen und abtropfen lassen.
5. Etwas Öl erhitzen und die Fleischscheiben darin von allen Seiten braun und gar braten. Herausnehmen und warm stellen.
6. Nun jedes Gemüse einzeln mit ausreichend Öl braten. Anschließend herausnehmen und warm stellen.
7. Danach alles zusammen in die Pfanne geben und durchbraten.
8. Die aufbewahrte Marinade mit der Speisestärke verrühren und dazugießen. Einmal aufkochen lassen, anrichten und servieren.

Vorbereitungszeit: 35 Min.
Zubereitungszeit: 20 Min.
Pro Portion
ca. 1264 kJ/301 kcal

Rindfleischröllchen

Vietnam

400 g Rinderfilet
Salz, Zucker
1 Tl Fünf-Gewürz-Pulver
1 El Sojaöl
2 dicke Möhren
250 g dünner grüner Spargel
1 rote Chilischote
1 kleine Möhre
6 El Austernsauce
2 El Zitronensaft
1 El Kartoffelstärke
Öl zum Braten
Frisée- oder Eisbergsalat, ausgestochene Möhrenstückchen und Koriandergrün zum Garnieren

1. Das Rinderfilet in sehr dünne Scheiben schneiden und anschließend flach klopfen (bzw. ausrollen).
2. Etwas Salz mit Zucker, der Gewürzmischung und dem Öl zu einer Paste verrühren und diese auf die Fleischscheiben streichen. Das Ganze ca. 20 Minuten einziehen lassen.
3. Die Möhren schälen, der Länge nach vierteln und zusammen mit dem geputzten, gewaschenen Spargel in kochendem Wasser ca. 15 Minuten garen.
4. Die Chilischote putzen, waschen, die Kerne entfernen und fein hacken. Die Möhre schälen und ebenfalls in sehr feine Würfel schneiden. Die gehackte Chilischote mit den Möhrenwürfeln, der Austernsauce, 6 El Wasser und dem Zitronensaft verrühren. Diese Sauce nachher zu den Fleischröllchen servieren.
5. Die Fleischscheiben nun mit den Möhrenstücken und dem Spargel belegen und zusammenrollen. Mit Küchengarn umwickeln und mit der Kartoffelstärke einreiben.
6. Öl in einer Pfanne erhitzen und die Röllchen darin von allen Seiten kräftig anbraten. Herausnehmen, abtropfen lassen und in Scheiben schneiden.
7. Den Salat zerpflücken, waschen und auf Teller verteilen. Am Rand jedes Tellers die ausgestochenen Möhrenstücke dekorativ verteilen und die Fleischröllchen in die Mitte setzen. Das Ganze mit Koriandergrün garnieren und sofort servieren.

Marinierte Schälrippchen

Japan

2 kg dünne Rippe
1 Zwiebel
4 Knoblauchzehen
1/4 l Reiswein
8 El Sojasauce
8 El Ketchup
5 El Honig
5 El Reisweinessig
2 El Öl
1 Lorbeerblatt
1 Tl gemahlener Kreuzkümmel
als Beilage Maggi Asia Nudelsnack Kari Curry

1. Die Rippchen waschen, trockentupfen und in Portionsstücke teilen.
2. Die Zwiebel und die Knoblauchzehen schälen und in Würfel schneiden.
3. Den Reiswein mit der Sojasauce, dem Ketchup, dem Honig, dem Reisweinessig, dem Öl, dem Lorbeerblatt und dem Kreuzkümmel verrühren.
4. Die Knoblauch- und Zwiebelwürfel dazugeben und das Ganze als Marinade über die Rippchen geben.
5. Die Rippchen in der Marinade ca. 5 Stunden durchziehen lassen. Anschließend herausnehmen, trockentupfen und ca. 50 Minuten unter mehrmaligem Wenden grillen. Als Beilage Maggi Asia Nudelsnack Kari Curry servieren.

Vorbereitungszeit (ohne Marinierzeit): 15 Min.
Zubereitungszeit: 50 Min.
Pro Portion
ca. 1633 kJ/389 kcal
(ohne Beilage)

Asiatisches Frikassee

Philippinen

2 Knoblauchzehen
1 Zwiebel
2 El Öl
600 g Rindfleisch aus der Hüfte
2 Tomaten
Salz
1 Msp. Pfeffer
250 g Kalbsleber
5 mittelgroße Kartoffeln
2 rote Paprikaschoten

1. Die Knoblauchzehen und die Zwiebel schälen und in feine Würfel schneiden.
2. Das Öl erhitzen und die Knoblauch- und Zwiebelwürfel darin anbraten.
3. Das Rindfleisch waschen, trockentupfen und in Streifen schneiden. In die Pfanne geben und anbraten.
4. Die Tomaten waschen, enthäuten, den Stengelansatz entfernen und in Scheiben schneiden. Zusammen mit 3/4 l Wasser zu dem Fleisch geben. Mit Salz und dem Pfeffer würzen und das Ganze etwa 25 Minuten schmoren lassen.
5. Die Kalbsleber in Streifen schneiden.
6. Die Kartoffeln schälen und in Würfel schneiden. Zusammen mit der Kalbsleber zu dem Fleisch geben.
7. Die Paprikaschoten waschen, halbieren, entkernen und in Streifen schneiden. Als letztes zu dem Frikassee geben und das Ganze weitere 20 Minuten garen lassen.

Vorbereitungszeit: 15 Min.
Zubereitungszeit: 45 Min.
Pro Portion
ca. 1896 kJ/451 kcal

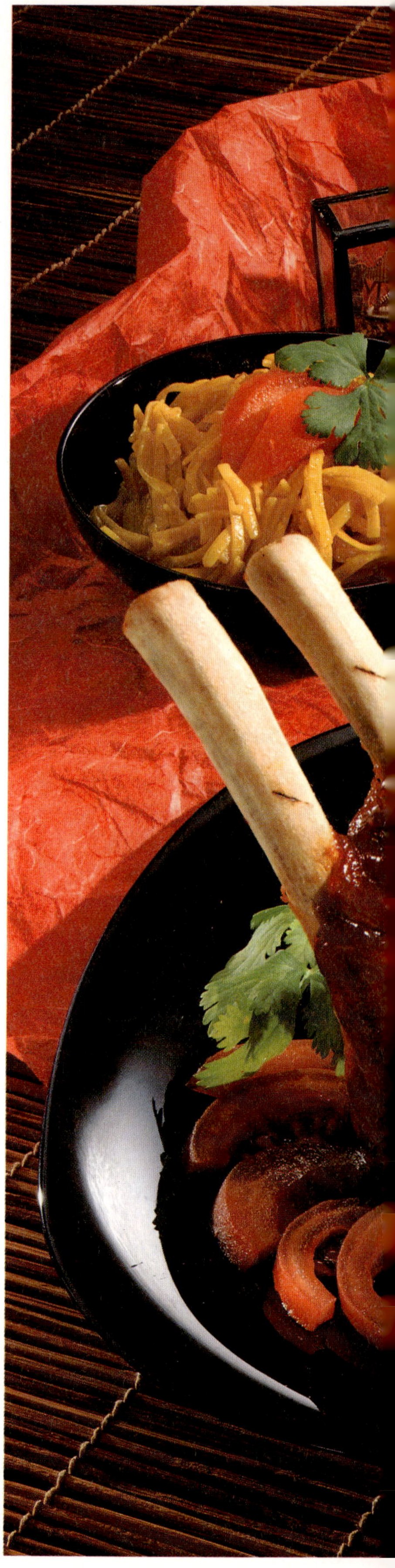

Rindercurry

Malaysia

1 Stengel Zitronengras
2 Knoblauchzehen
1 Zwiebel
1 Chilischote
2 El Sesamöl
1 El Ingwerpulver
1 El Currypulver
1/2 Tl Korianderpulver
1/2 Tl gemahlener Kreuzkümmel
1/2 Tl gemahlenes Kardamom
1 El möglichst frische Kokosraspeln
800 g Rindfleisch
400 ml Kokosmilch
1/4 l Fleischbrühe
Koriandergrün zum Garnieren

1. Das untere Ende des Zitronengrases fein hacken.
2. Die Knoblauchzehen und die Zwiebel schälen und ebenfalls fein hacken.
3. Die Chilischote halbieren, entkernen und fein hacken. Alles zusammen in dem heißen Öl anschwitzen.
4. Die Gewürze und die Kokosraspeln dazugeben und mit anschwitzen.
5. Das Fleisch waschen, trockentupfen und in Streifen schneiden. Mit zu den anderen Zutaten geben und anbraten.
6. Das Ganze mit der Kokosmilch und der Fleischbrühe ablöschen und ca. 40 Minuten schmoren lassen.
7. Das Rindercurry mit Koriandergrün garniert servieren.

Vorbereitungszeit: 20 Min.
Zubereitungszeit: 50 Min.
Pro Portion
ca. 1478 kJ/352 kcal

Beefsteaks mit Tomaten-Chutney

Pakistan

1 Zwiebel
2 Knoblauchzehen
1 Stück Ingwerwurzel (3 cm)
500 g Rinderhackfleisch
1 Ei
1 Msp. Chilipulver
1 Tl gemahlener Kreuzkümmel
1/2 Tl rosa Pfefferkörner
1/2 Tl Korianderpulver
1 Msp. Zimtpulver
2 El Öl zum Braten

Für das Chutney:

500 g Tomaten
2 rote Chilischoten
2 Knoblauchzehen
1 Stück Ingwerwurzel (2 cm)
1/4 l Essig
200 g Zucker
1 Tl Salz

1. Die Zwiebel, die Knoblauchzehen und die Ingwerwurzel schälen und alles in feine Würfel schneiden. Anschließend mit dem Hackfleisch vermengen.
2. Das Hackfleisch mit dem Ei und den Gewürzen mischen und zu Beefsteaks formen.
3. Das Öl erhitzen und die Beefsteaks darin von allen Seiten braun und gar braten.
4. Für das Chutney die Tomaten enthäuten und grob zerkleinern.
5. Die Chilischoten halbieren, entkernen, waschen und fein hacken.
6. Die Knoblauchzehen schälen und zerdrücken. Die Ingwerwurzel schälen und fein hacken. Alles zusammen mit dem Tomatenfleisch, dem Essig, dem Zucker und dem Salz einmal aufkochen lassen.
7. Das Chutney so lange leise köcheln lassen, bis es die gewünschte Konsistenz hat.
8. Die Beefsteaks zusammen mit dem erkalteten Tomaten-Chutney anrichten und servieren.

Vorbereitungszeit: 20 Min.
Zubereitungszeit: 1 Std.
Pro Portion
ca. 1915 kJ/456 kcal

Lammkeule in Reiswein

China

1 Lammkeule
6 Knoblauchzehen
1 Stück Ingwerwurzel (3 cm)
1 Tl gemahlene Nelken
1 Msp. gemahlener Kümmel
1 Msp. gemahlene Korianderkörner
1 Msp. gemahlener Sternanis
1 Tl Pfeffer
1 Stange Lauch
1 El Sesamöl
4 El Sojasauce
3 El Reiswein

1. Die Lammkeule waschen und gut trockentupfen.
2. Die Knoblauchzehen schälen und fein zerdrücken.
3. Die Ingwerwurzel schälen und fein hacken. Anschließend mit den Knoblauchzehen, dem Nelkenpulver, Kümmel, Korianderpulver, Sternanis und dem Pfeffer vermischen.
4. Die Lammkeule mit kochendem Wasser übergießen und ca. 10 Minuten stehenlassen. Abgießen und mit der Gewürzmischung einreiben.
5. Den Lauch putzen, waschen und in Ringe schneiden. Zusammen mit dem Öl und dem Fleisch zugedeckt ca. 30 Minuten köcheln lassen.
6. Anschließend die Sojasauce und den Reiswein dazugießen und das Ganze ca. 90 Minuten schmoren lassen. Die Lammkeule herausnehmen, in Scheiben schneiden und anrichten.

Vorbereitungszeit: 25 Min.
Zubereitungszeit: 2 Std.
Pro Portion
ca. 2086 kJ/496 kcal

Kalte Fleischplatte mit Salat

Korea

1 Kalbszunge
750 g Schweinefleisch aus der Schulter
750 g Rinderbrust
2 Tl Salz
4 El Sojasauce
1 El Zucker
3 El Essig

Für den Salat:

4 Möhren
1/2 Chinakohl
1 Stangensellerie
200 g Sojabohnenkeime
2 El Essig
2 Tl Zucker
2 Tl Salz
3 El Öl
1 El gehackte Pinienkerne
1 El Sesamsamen

1. Das Fleisch waschen und in Salzwasser köcheln lassen.
2. Die Kalbszunge nach 80 Minuten Garzeit herausnehmen, die Haut abziehen und abkühlen lassen.
3. Das Schweinefleisch nach 1 1/2 Stunden Garzeit herausnehmen und ebenfalls abkühlen lassen.
4. Die Rinderbrust nach 2 Stunden Garzeit herausnehmen, abtropfen und abkühlen lassen. Das gesamte Fleisch in Scheiben schneiden und auf eine Platte legen.
5. Die Sojasauce mit dem Zucker und dem Essig verrühren und das Fleisch damit beträufeln.
6. Für den Salat die Möhren schälen und in feine Streifen schneiden. Den Chinakohl putzen, waschen und ebenfalls in feine Streifen schneiden.
7. Den Stangensellerie putzen, die äußeren harten Fäden entfernen und den Sellerie waschen. Anschließend in Scheiben schneiden.
8. Die Sojabohnenkeime putzen, waschen und gut abtropfen lassen.
9. Das ganze Gemüse miteinander vermengen.
10. Den Essig mit dem Zucker, Salz und dem Öl zu einer Sauce verrühren. Die Salatsauce mit den Salatzutaten mischen, anrichten, mit den Pinienkernen und Sesamsamen bestreuen und den Salat zu der Fleischplatte servieren.

Vorbereitungszeit: 10 Min.
Zubereitungszeit: 2 Std.
Pro Portion
ca. 2365 kJ/563 kcal

Pfannengerührtes Hackfleisch mit Reisnudeln

China

2 Knoblauchzehen
2 Zwiebeln
1 Stück Ingwerwurzel (2 cm)
1 kleine Dose Wasserkastanien (125 g)
2 El Öl zum Braten
500 g gemischtes Hackfleisch
4 El Sojasauce
1 El Speisestärke
1 Tl Zucker
1/2 Tl Salz
250 g Reisnudeln
Fett zum Ausbacken

1. Die Knoblauchzehen, die Zwiebeln und die Ingwerwurzel schälen und alles in feine Würfel schneiden.
2. Die Wasserkastanien abgießen, abtropfen lassen und grob hacken.
3. Das Öl erhitzen und das kleingeschnittene Gemüse darin anbraten.
4. Das Hackfleisch dazugeben und unter Rühren braten.
5. Die Sojasauce mit der Speisestärke, dem Zucker, Salz und 1/8 l Wasser mischen und dazugießen. Das Ganze ca. 5 Minuten leicht köcheln lassen.
6. Die Nudeln laut Packungsanweisung garen. Anschließend abgießen, abschrecken und gut abtropfen lassen. Die Nudeln portionsweise kurz fritieren und zusammen mit dem pfannengerührten Hackfleisch servieren.

Vorbereitungszeit: 15 Min.
Zubereitungszeit: 20 Min.
Pro Portion
ca. 2681 kJ/638 kcal

Filetstreifen mit Erbsen und Bohnen

Japan

250 g Schweinefilet
3 Zwiebeln
2 El Öl zum Braten
4 El Sojasauce
2 El Zucker
3 El Reiswein
200 g gekochte grüne Bohnen
150 g gekochte Erbsen
1 Dose in Streifen geschnittene Bambussprossen
2 El Hühnerbrühe
1 El Speisestärke
1 Tl Glutamat

1. Das Schweinefilet waschen, trockentupfen und in Streifen schneiden.
2. Die Zwiebeln schälen und in Ringe schneiden.
3. Das Öl erhitzen und die Fleischstreifen zusammen mit den Zwiebeln darin kräftig anbraten.
4. Die Sojasauce mit dem Zucker und dem Reiswein mischen und dazugießen. Das Ganze einmal aufkochen und bei mittlerer Hitze ca. 20 Minuten schmoren lassen.
5. Nach Ende der Garzeit die Bohnen und die Erbsen dazugeben.
6. Die Bambussprossen auf ein Sieb geben und abtropfen lassen. Ebenfalls zu dem Fleisch geben.
7. Die Hühnerbrühe mit der Speisestärke und dem Glutamat mischen und zu den Filetstreifen gießen. Das Ganze einmal aufkochen lassen, anrichten und servieren.

Vorbereitungszeit: 15 Min.
Zubereitungszeit: 35 Min.
Pro Portion
ca. 1207 kJ/287 kcal

Hackbällchen auf Reis

Indien

1 Zwiebel
2 Knoblauchzehen
500 g gemischtes Hackfleisch
1 Tl Sojasauce
1 Msp. gemahlener Kreuzkümmel
1 Msp. gemahlener Koriander
1 Msp. Kardamompulver
schwarzer Pfeffer
1 Msp. Glutamat
1 Ei
2 El Speisestärke
Öl zum Braten

Für den Reis:

1 Zwiebel
2 Knoblauchzehen
2 El Ghee
1 Msp. Zimt
1 El Kardamomkapseln
2 Nelken
1 Tl Safran
250 g Reis
3/4 l Hühnerbrühe
100 g Rosinen
60 g gehackte Mandeln

1. Die Zwiebel und die Knoblauchzehen schälen und fein würfeln.
2. Das Hackfleisch mit den Zwiebel- und Knoblauchwürfeln, den Gewürzen und dem Ei vermengen. Das Hackfleisch zu Bällchen formen und in der Speisestärke wenden. In dem heißen Öl von allen Seiten braun und gar braten. Herausnehmen und warm stellen.
3. Für den Reis die Zwiebel und die Knoblauchzehen schälen, fein würfeln und in heißem Ghee glasig dünsten. Die Gewürze dazugeben und mit anbraten.
4. Den Reis hineingeben und ebenfalls kurz anbraten. Mit der Hühnerbrühe ablöschen und den Reis darin ca. 20 Minuten gar köcheln lassen.
5. Die Rosinen mit den Mandeln unter den fertig gegarten Reis geben und das Ganze mit den Hackbällchen servieren.

Vorbereitungszeit: 15 Min.
Zubereitungszeit: 45 Min.
Pro Portion
ca. 2800 kJ/666 kcal

Hackbällchen auf Reis – chinesisch –

China

250 g Reis in Öl anbraten, mit 3/4 l Fleischbrühe ablöschen und darin ca. 20 Minuten kochen lassen. Der Reis wird mit 1 kleinen Dose Bambussprossen (in Streifen geschnitten), 150 g Sojabohnenkeimen und 100 g gedünsteten Lauchringen verfeinert. Die Hackbällchen auf dem Reis anrichten und servieren.

Vorbereitungszeit: 15 Min.
Zubereitungszeit: 45 Min.
Pro Portion
ca. 2240 kJ/533 kcal

Hackbällchen auf Reis – malaysisch –

Malaysia

250 g Reis in Öl anbraten. 1 El gemischte Gewürze (Chilipulver, schwarzer Pfeffer, Korianderpulver, Anispulver, Kurkuma) werden mit angebraten. Mit 3/4 l Hühnerbrühe ablöschen. Den Reis darin ca. 20 Minuten garen und zusammen mit den Hackbällchen servieren.

Vorbereitungszeit: 15 Min.
Zubereitungszeit: 45 Min.
Pro Portion
ca. 2138 kJ/509 kcal

Schweinekoteletts in scharfer Bohnensauce

China

4 Schweinekoteletts
2 El Sojasauce
2 El Reiswein
1 Tl Zucker
1 Knoblauchzehe
Öl zum Braten
3 El schwarze Bohnenpaste
2 Tl Speisestärke

1. Die Koteletts waschen, trockentupfen und in Portionsstücke schneiden. Wenn möglich, die Portionsstücke so schneiden, daß an jedem Stück noch ein Knochen vorhanden ist.
2. Die Sojasauce mit dem Reiswein und dem Zucker mischen. Die Knoblauchzehe schälen, fein zerdrücken und dazugeben.
3. Die Kotelettstücke in die Marinade legen und darin ca. 30 Minuten ziehen lassen.
4. Anschließend herausnehmen und abtropfen lassen. Die Marinade beiseite stellen.
5. Das Öl erhitzen und die Kotelettstücke darin kräftig anbraten.
6. Die zurückgehaltene Marinade mit der Bohnenpaste, der Speisestärke und 3 El Wasser verrühren und dazugießen. Die Koteletts darin ca. 10 Minuten schmoren lassen. Herausnehmen und mit der Sauce servieren.

Vorbereitungszeit (ohne Marinierzeit): 15 Min.
Zubereitungszeit: 25 Min.
Pro Portion
ca. 2005 kJ/477 kcal

Geschnetzeltes mit Eier-Reis

Indonesien

250 g Basmati-Reis
Salz
450 g Schweinefilet
1 El Sojasauce
1 Tl Ingwerpulver
1 El Reiswein
1 Stange Lauch
2 Knoblauchzehen, 2 Zwiebeln
4 Eier
2 Tl helle Sojasauce
1 Msp. Sambal Oelek
Öl zum Braten

1. Den Reis in ausreichend kochendem Salzwasser ca. 20 Minuten garen.
2. Das Schweinefilet waschen, trockentupfen und in Streifen schneiden.
3. Die Sojasauce mit dem Ingwerpulver und dem Reiswein mischen und die Filetstreifen darin ca. 30 Minuten marinieren.
4. In der Zwischenzeit den Lauch putzen, waschen und in Ringe schneiden.
5. Die Knoblauchzehen und die Zwiebeln schälen und fein würfeln.
6. Die Eier verquirlen und mit der Sojasauce und dem Sambal Oelek vermengen.
7. Die Filetstreifen aus der Marinade nehmen und in dem heißen Öl ca. 5 Minuten kräftig braten. Herausnehmen und warm stellen.
8. Das Gemüse in das heiße Öl geben und unter Rühren gar dünsten. Herausnehmen und warm stellen.
9. Die Eiermasse in das Öl geben und ebenfalls unter Rühren braten. Anschließend herausnehmen und warm stellen.
10. Den Reis abgießen, abschrecken und gut abtropfen lassen. Anschließend in Öl anbraten. Die restlichen Zutaten dazugeben, alles zusammen unter Rühren erhitzen, herausnehmen, anrichten und servieren.
Vorbereitungszeit: 30 Min.
Zubereitungszeit: 35 Min.
Pro Portion ca. 1589 kJ/378 kcal

Koreanischer Feuertopf

Korea

150 g Rindfleisch
6 El Sojasauce
3 Tl Zucker
2 Knoblauchzehen
Pfeffer
2 El Sesamsamen
Öl
150 g Rinderhackfleisch
2 El Pinienkerne
5 Eier
Mehl zum Wenden
4 kleine weiße Rüben
Salz
150 g Rinderleber
5 Shitake-Pilze

1. Das Rindfleisch waschen, trockentupfen und in Würfel schneiden.
2. 1 El Sojasauce mit 1 Tl Zucker verrühren.
3. Die Knoblauchzehen schälen und fein zerdrücken.
4. Eine halbe zerdrückte Knoblauchzehe zusammen mit Pfeffer und 2 Tl Sesamsamen zu dem Sojasaucen-Zucker-Gemisch geben und verrühren.
5. Die Hälfte der Rindfleischwürfel in der Marinade ca. 30 Minuten ziehen lassen.
6. Die Rindfleischwürfel herausnehmen, abtropfen lassen und in etwas Öl anbraten. Anschließend herausnehmen und bereitstellen.
7. Die restlichen Rindfleischwürfel mit 3 El Sojasauce, 2 Tl Zucker, einer zerdrückten Knoblauchzehe, Pfeffer, 1 Tl Sesamsamen und 1/2 El Öl vermischen. Die Fleischwürfel bis zum weiteren Gebrauch darin durchziehen lassen.
8. Das Hackfleisch mit der restlichen Sojasauce, einer halben zerdrückten Knoblauchzehe, Pfeffer, dem restlichen Sesam und 1 Tl Öl vermengen.
9. Aus dem Fleischteig kleine Bällchen formen und in jedes Bällchen einen Pinienkern hineinstecken.
10. Eines der Eier verquirlen. Die Hackfleischbällchen erst in Mehl und dann in dem Ei wenden. Anschließend in heißem Öl die Bällchen ausbacken und bereitstellen.
11. Die Rüben putzen, waschen, schälen und in 1 l Salzwasser gar kochen. die Rüben nach der Garzeit absieben, die Brühe dabei auffangen und die Rüben in Scheiben schneiden
12. Die Leber ca. 3 Minuten in kochendem Wasser garen. Herausnehmen und in Streifen schneiden. Mit etwas Salz würzen, erst in Mehl und dann in dem Ei wenden und ebenfalls in Öl ausbacken. Bereitstellen.
13. Die Pilze putzen, in Scheiben schneiden und in Öl kurz anbraten.
14. 2 Eier trennen und Eiweiß und Eigelb einzeln schaumig schlagen. Das Eiweiß vorsichtig unter das Eigelb heben und die Eimasse portionsweise bei milder Hitze in Öl zu Pfannkuchen ausbacken. Anschließend in Streifen schneiden und ebenfalls bereitstellen.
15. Die restlichen Eier hart kochen und in Scheiben schneiden. Für die Dekoration beiseite stellen.
16. Den Feuertopf mit den Rübenscheiben auslegen. Darauf werden die rohen Rindfleischwürfel gelegt, dann die kleingeschnittenen Pfannkuchen, die Pilze, die Leberstreifen und zum Schluß die gebratenen Rindfleischwürfel.
17. Die Hackfleischbällchen werden um den Kamin des Feuertopfes gelegt und das Ganze wird mit Eischeiben dekoriert.
18. Die Rübenbrühe aufgießen und alles am Tisch gar kochen lassen.

Vorbereitungszeit: 1 Std.
Zubereitungszeit: 30 Min.
Pro Portion
ca. 1860 kJ/443 kcal

Lammragout mit Safran

Indien

750 g Lammfleisch
1 Zwiebel
2 Knoblauchzehen
2 Frühlingszwiebeln
1 Stück Ingwerwurzel (2 cm)
Öl zum Braten
1 Becher Joghurt (150 g)
1 Msp. gemahlener Kreuzkümmel
1 Msp. gemahlene Nelken
1 Msp. gemahlenes Kardamom
1/2 Tl Zimt
1 Tl Safran

1. Das Lammfleisch waschen, trockentupfen und in Würfel schneiden.
2. Die Zwiebel und die Knoblauchzehen schälen und in feine Würfel schneiden.
3. Die Frühlingszwiebeln putzen, waschen und in breite Stücke schneiden.
4. Die Ingwerwurzel schälen und fein hacken.
5. Das Öl erhitzen und die Lammfleischwürfel darin anbraten.
6. Die Zwiebel- und Knoblauchwürfel dazugeben und mit anbraten.
7. Die Frühlingszwiebeln und die Ingwerwürfel zu dem Fleisch geben und kurz mit andünsten. Das Ganze mit 1/4 l Wasser ablöschen und bei mittlerer Hitze ca. 1 Stunde schmoren lassen.
8. Den Joghurt mit den Gewürzen verrühren und zu dem Ragout geben. Das Ganze unter Rühren einmal aufkochen lassen, anschließend anrichten und servieren.

Vorbereitungszeit: 20 Min.
Zubereitungszeit: 1 Std.
Pro Portion
ca. 1286 kJ/306 kcal

Spanferkel-Kasserolle

Philippinen

1 kg Spanferkelfleisch
2 El Essig
2 El brauner Zucker
4 El Sojasauce
2 Tl Tamarindenmark
1 Lorbeerblatt
1 Tl schwarze Pfefferkörner
6 Knoblauchzehen
2 El Öl, 1/4 l Reiswein

1. Das Fleisch waschen, trockentupfen und in mundgerechte Stücke schneiden.
2. Den Essig mit dem Zucker, der Sojasauce und dem Tamarindenmark verrühren. Das Lorbeerblatt und die Pfefferkörner dazugeben.
3. Die Knoblauchzehen schälen, fein zerdrücken und in die Marinade geben.
4. Das Fleisch in der Marinade ca. 1 Stunde durchziehen lassen.
5. Das Öl erhitzen. Die Fleischstücke aus der Beize nehmen und in dem Öl kräftig anbraten.
6. Etwas von der Marinade dazugießen und verkochen lassen. Den Reiswein und 1/4 l Wasser hineingießen, einmal aufkochen und das Ganze zugedeckt ca. 1 Stunde schmoren lassen.
7. Die Spanferkel-Kasserolle anrichten und servieren.

Vorbereitungszeit (ohne Marinierzeit): 20 Min.
Zubereitungszeit: 75 Min.
Pro Portion
ca. 1467 kJ/349 kcal

Knuspriger Wildschweinrücken

Thailand

1 Wildschweinrücken (1–2 kg)
1 Tl gemahlene Korianderkörner
1 Tl gemahlene, schwarze Pfefferkörner
2 El Sojasauce
1 El Reisweinessig
1 Tl Zucker
1 Tl Speisestärke
2 El Reiswein
Chilischoten und Gurkenscheiben zum Garnieren

1. Das Fleisch waschen und gut trockentupfen. Den Wildschweinrücken mit Koriander und Pfeffer gut einreiben.
2. Das Fleisch in einen Bräter setzen und im Backofen bei 200° C ca. 1 Stunde garen lassen.
3. Die Sojasauce mit dem Reisweinessig und dem Zucker mischen und den Wildschweinrücken damit bestreichen.
4. Den Wildschweinrücken eine weitere Stunde braten lassen. Dabei zwischendurch immer wieder mit der Sojasauce bestreichen.
5. Den Wildschweinrücken herausnehmen und warm stellen.
6. Die Speisestärke mit dem Reiswein mischen und in den Bratenfond rühren. Das Ganze aufkochen lassen.
7. Den Wildschweinrücken anrichten, mit Chilischoten und Gurken garnieren und mit der Sauce servieren.

Vorbereitungszeit: 10 Min.
Zubereitungszeit: 70 Min.
Pro Portion
ca. 1283 kJ/305 kcal

Feurige Grillspieße mit Sauergemüse

Korea

1 Chinakohl
2 El Salz
3 Zwiebeln
1 Stück Ingwerwurzel (3 cm)
1 Chilischote
1 Knoblauchzehe
Salz

Für die Grillspieße:

500 g Rindfleisch
8 kleine, weiße Zwiebeln
1 Stück Ingwerwurzel (8 cm)
2 El Öl zum Braten
1 Zwiebel
2 Knoblauchzehen
3 Chilischoten
Butter zum Braten
1 El Currypulver
1 El Tomatenmark
4 El Fleischbrühe
Zitronensaft

1. Den Chinakohl putzen, waschen und in breite Streifen schneiden. Mit dem Salz bestreuen und ca. 30 Minuten einziehen lassen.
2. In der Zwischenzeit die Zwiebeln und den Ingwer schälen und fein hacken. Die Chilischote waschen, halbieren, entkernen und ebenfalls fein hacken. Die Knoblauchzehe schälen und mit etwas Salz zerdrücken. Alles miteinander vermengen.
3. Den Chinakohl unter fließendem Wasser abwaschen und mit der Zwiebelmischung und Salz mischen. Den Chinakohl in einen Steintopf füllen und mit Wasser bedecken. Den Kohl darin eine Woche lang zugedeckt reifen lassen.
4. Das Rindfleisch waschen, trockentupfen und in Würfel schneiden.
5. Die weißen Zwiebeln schälen, den Ingwer schälen und in 8 gleich große Scheiben schneiden.
6. Das Rindfleisch abwechselnd mit den Zwiebeln und dem Ingwer auf Spieße stecken. In dem Öl von allen Seiten gut anbraten.
7. Die Zwiebel und die Knoblauchzehen schälen und fein würfeln. Die Chilischoten waschen, halbieren und entkernen. Anschließend in feine Würfel schneiden. Die Butter erhitzen und das Ganze darin anbraten.
8. Das Currypulver und das Tomatenmark dazugeben und ebenfalls anbraten.
9. Mit der Fleischbrühe ablöschen und mit Zitronensaft abschmecken. Die Sauce über die Spieße gießen und die Grillspieße darin noch ca. 10 Minuten schmoren lassen.

Vorbereitungszeit
(ohne das Sauergemüse): 20 Min.
Zubereitungszeit: 20 Min.
Pro Portion
ca. 1080 kJ/257 kcal

Fische und Meeresfrüchte von einfach bis extravagant

Die asiatischen Fisch- und Meeresfrüchte-Rezepte gehören zu den besten der Welt. Dazu hat der natürliche Reichtum in Flüssen, Seen und Meeren beigetragen.

Rotgeschmorter Tintenfisch

China

2 El Reisweinessig
3 El Sojasauce
1/2 Tl Zucker
1 El Erdnußöl
500 g tiefgekühlte Tintenfischringe
1 El Öl
Schnittknoblauch zum Bestreuen

1. Den Essig mit der Sojasauce, dem Zucker und dem Öl vermischen.
2. Die Tintenfischringe auf ein Sieb geben und auftauen lassen.
3. Das Öl erhitzen und die Tintenfischringe darin kurz und kräftig anbraten.
4. Die Sauce darüber gießen, einmal aufkochen und das Ganze ca. 10 Minuten lang schmoren lassen.
5. Den Schnittknoblauch waschen, trockenschleudern und in feine Ringe schneiden.
6. Den Tintenfisch anrichten, mit dem Schnittknoblauch bestreuen und servieren.

Vorbereitungszeit: 10 Min.
Zubereitungszeit: 15 Min.
Pro Portion
ca. 588 kJ/140 kcal

Gebackener Seehecht mit Gemüsejoghurt

Indien

1 kg Seehechtfilet
2 Knoblauchzehen
1 Stück Ingwerwurzel (2 cm)
1/2 Bund Koriandergrün
1 Tl Chilipulver
1 Msp. Kurkuma
Öl zum Ausbacken
2 Becher Joghurt
Salz, Pfeffer
2 Tomaten
1/2 Gurke
2 Zwiebeln
1 rote Paprikaschote

1. Das Fischfilet putzen, waschen und trockentupfen.
2. Die Knoblauchzehen und die Ingwerwurzel schälen und beides fein hacken.
3. Das Koriandergrün waschen, trockenschleudern und ebenfalls fein hacken. Anschließend mit dem Knoblauch, dem Ingwer und den Gewürzen vermischen.
4. Die Fischfilets damit einreiben und in heißem Öl ausbacken. Herausnehmen und warm stellen.
5. Den Joghurt mit Salz und Pfeffer schaumig schlagen.
6. Die Tomaten enthäuten, entkernen und in Würfel schneiden. Die Gurke schälen und in Streifen schneiden. Die Zwiebeln schälen und fein würfeln. Die Paprikaschote halbieren, entkernen und in Streifen schneiden.
7. Das Gemüse mit dem Joghurt mischen und zu dem Fischfilet reichen.

Vorbereitungszeit: 20 Min.
Zubereitungszeit: 30 Min.
Pro Portion
ca. 1074 kJ/255 kcal

Muscheln mit gebratenen Nudeln

China

200 g Glasnudeln
3 El Öl
200 g Lauch
1 El Erdnußöl
15 Wasserkastanien (aus der Dose)
Salz
Zucker
1 Tl Glutamat
1/2 l Hühnerbrühe
1 kleine Dose Bambussprossen (in Streifen)
1 Dose Seemuscheln (380 g Abtropfgewicht)
2 El Speisestärke

1. Die Glasnudeln laut Packungsanweisung in kochendem Wasser garen.
2. Herausnehmen, abtropfen lassen und in dem erhitzten Öl anbraten. Warm Stellen.
3. Den Lauch putzen, waschen und in Streifen schneiden.
4. Das Erdnußöl erhitzen und den Lauch darin anbraten. Die Wasserkastanien abtropfen lassen und mit anbraten. Die Gewürze dazugeben und das Ganze ca. 3 Minuten pfannenrühren.
5. Mit der Hühnerbrühe ablöschen und einmal aufkochen lassen.
6. Die Bambussprossen und die Muscheln abgießen, abtropfen lassen und dazugeben.
7. Die Speisestärke mit 3 El Wasser anrühren und in die Pfanne geben. Das Ganze noch ca. 3 Minuten köcheln lassen.
8. Die Muscheln mit den Nudeln anrichten und servieren.

Vorbereitungszeit: 15 Min.
Zubereitungszeit: 25 Min.
Pro Portion
ca. 1298 kJ/309 kcal

Fisch mit Reis und Tomaten

Indien

3 Knoblauchzehen
1 Zwiebel
1/2 Bund Koriandergrün
3 El Öl
1 Tl Salz
1 Tl Kurkuma
2 Tl Kokosflocken
1 Tl Garam masala
2 Tl Zitronensaft
3 Tomaten
500 g Rotbarschfilet
1 El Butter
125 g Reis

1. Die Knoblauchzehen und die Zwiebel schälen und in feine Würfel schneiden. Den Koriander waschen, trockenschleudern und fein hacken.
2. Das Öl erhitzen und die Knoblauch- und Zwiebelwürfel mit dem Koriander hineingeben und anbraten.
3. Das Salz mit dem Kurkuma, den Kokosflocken und dem Garam masala dazugeben und mit anbraten. Mit dem Zitronensaft ablöschen.
4. die Tomaten enthäuten, in Scheiben schneiden und dazugeben. Das Ganze ca. 5 Minuten lang pfannenrühren.
5. Das Rotbarschfilet waschen, trockentupfen und in mundgerechte Stücke schneiden. In die Sauce geben, darin einmal aufkochen lassen und bei mittlerer Hitze ca. 10 Minuten garen lassen.
6. In einer zweiten Pfanne oder einem Wok die Butter erhitzen und den Reis darin glasig anschwitzen. Mit 400 ml heißem Wasser ablöschen, einmal aufkochen und bei mittlerer Hitze mit verschlossenem Deckel ca. 20 Minuten garen lassen.
7. Anschließend den Fisch obenauf legen, die Pfanne nochmals verschließen und weitere 10 Minuten garen lassen. Herausnehmen, anrichten und servieren.

Vorbereitungszeit: 20 Min.
Zubereitungszeit: 50 Min.
Pro Portion
ca. 1235 kJ/294 kcal

Thunfisch am Spieß

Japan

750 g Thunfischfilets
2 El süßer Reiswein
1 Msp. Salz
2 El Austernsauce
1 Eigelb
1 Tl Fünf-Gewürz-Pulver
2 Tl Speisestärke
1 Tl Sojasauce

1. Die Fischfilets waschen, trockentupfen und in grobe Würfel schneiden.
2. Den Reiswein mit dem Salz, der Austernsauce, dem Eigelb und dem Fünf-Gewürz-Pulver vermengen.
3. Die Fischstücke in diese Sauce legen und darin ca. 20 Minuten marinieren.
4. Die Fischwürfel herausnehmen und auf Spieße stecken. Die Spieße auf einem Grill von allen Seiten braun und gar grillen. Dabei zwischendurch immer wieder mit der Marinade bestreichen.
5. Die Spieße herausnehmen und anrichten. Die Speisestärke mit der Sojasauce mischen und in den Bratensatz geben. aufkochen lassen und als Sauce zu den Spießen servieren.

Vorbereitungszeit
(ohne Marinierzeit): 15 Min.
Zubereitungszeit: 20 Min.
Pro Portion
ca. 917 kJ/218 kcal

Burmesische Fischfrikadellen

Burma

1 Chilischote
1 kg Seefischfilet
1 Zwiebel
1 Stück Ingwerwurzel (2 cm)
3 Knoblauchzehen
2 El Zitronensaft
Salz
1 El Speisestärke
1 Msp. Kurkuma
2 El Öl
1/4 l Kokosmilch

1. Die Chilischote waschen, halbieren, entkernen und in grobe Stücke schneiden.
2. Das Fischfilet putzen, waschen und grob zerkleinern.
3. Die Zwiebel schälen und vierteln.
4. Die Ingwerwurzel und die Knoblauchzehen schälen. Beides mit der Chilischote, dem Fisch und der Zwiebel in einen Mixer geben und zerkleinern.
5. Die Fischmasse mit dem Zitronensaft, Salz, der Speisestärke und dem Kurkuma vermengen und das Ganze zu Bällchen formen.
6. 1 El Öl erhitzen und die Fischbällchen darin von allen Seiten anbraten.
7. Das restliche Öl in einer anderen Pfanne erhitzen und die Kokosmilch hineingießen. Unter Rühren bis kurz vor den Siedepunkt bringen. Die Bällchen hineinlegen und gar ziehen lassen. Anrichten und servieren.

Vorbereitungszeit: 15 Min.
Zubereitungszeit: 25 Min.
Pro Portion
ca. 1020 kJ/243 kcal

Gebackene Hummerkrabben auf Reis

Japan

8 Hummerkrabben
1 Ei
4 El Mehl
Öl zum Ausbacken
250 g Reis
1/8 l Fischbrühe
3 El Sojasauce
1 Tl Zucker
3 El Reiswein
1 Msp. Glutamat
Petersilie zum Garnieren

1. Die Schale von den Hummerkrabben entfernen, am Rücken etwas einritzen und den Darm herausziehen.
2. Das Ei mit 2 El Wasser und dem Mehl zu einem Teig verrühren. Die Hummerkrabben durch den Teig ziehen und in dem heißen Öl knusprig ausbacken. Herausnehmen, abtropfen lassen und warm stellen.
3. Den Reis in kochendem Wasser ca. 20 Minuten garen. Anschließend abgießen, abschrecken und abtropfen lassen.
4. Die Fischbrühe mit der Sojasauce und dem Zucker sowie dem Reiswein und dem Glutamat einmal aufkochen lassen. Den Reis hineingeben, erhitzen und das Ganze zusammen mit den Hummerkrabben anrichten. Mit Petersilie garnieren und servieren.

Vorbereitungszeit: 10 Min.
Zubereitungszeit: 35 Min.
Pro Portion
ca. 1053 kJ/250 kcal

Gebackene Hummerkrabben auf Glasnudeln

Indonesien

100 g Glasnudeln laut Packungsanweisung kochen und abtropfen lassen. 1 Stange Lauch und 5 getrocknete, eingeweichte, asiatische Pilze in Streifen schneiden. Das Gemüse in Öl anbraten. Die Nudeln dazugeben und kurz mitbraten. 2 El Ketchup mit 2 El Sojasauce, 1 El Reiswein und 1 Tl Speisestärke verrühren. Über die Nudeln gießen, einmal aufkochen lassen und die Hummerkrabben darauf anrichten.

Vorbereitungszeit: 15 Min.
Zubereitungszeit: 15 Min.
Pro Portion
ca. 975 kJ/232 kcal

Gebackene Hummerkrabben auf Chinakohl

Indien

2 Zwiebeln, 2 Knoblauchzehen, 30 g Ingwerwurzel und 2 Stiele Zitronengras fein hacken und in Öl anbraten. 400 ml Kokosmilch und 1/8 l Hühnerbrühe dazugeben und alles zu einer Sauce einkochen lassen. Einen Kopf Chinakohl in breite Streifen schneiden, in Öl anbraten und mit der Sauce ablöschen. Alles zusammen erhitzen und die Hummerkrabben darauf servieren.

Vorbereitungszeit: 15 Min.
Zubereitungszeit: 15 Min.
Pro Portion
ca. 961 kJ/229 kcal

Fischpudding mit Reisplätzchen

Laos

750 g Fischfilet
1 Tl Salz
1/4 l Zitronensaft
5 Zwiebeln
5 Knoblauchzehen
3 Pimentkörner
1 Bund Koriandergrün
8 Blatt weiße Gelatine
2 Tassen Reis
Öl für das Backblech

1. Das Fischfilet putzen, waschen und fein zerhacken. Das Fischhack in eine große Schüssel füllen.
2. Das Salz mit 1/2 Tasse Wasser vermischen und den Zitronensaft dazugeben. Das Ganze über den Fisch gießen und ca. 15 Minuten durchziehen lassen.
3. Die Zwiebeln und die Knoblauchzehen schälen und fein hacken. Die Pimentkörner zerdrücken.
4. Das Koriandergrün waschen, trockenschleudern und ebenfalls fein hacken.
5. Die Gelatine in kaltem Wasser einweichen.
6. Das Fischhack ausdrücken, dabei die Flüssigkeit auffangen.
7. Das Fischhack mit den Zwiebel- und Knoblauchstückchen, dem Piment und dem Koriandergrün vermischen.
8. Die aufgefangene Flüssigkeit aufkochen lassen. Die Gelatine ausdrücken und in der heißen Flüssigkeit auflösen. Das Ganze abkühlen lassen.
9. Die aufgelöste, erkaltete Gelatine mit der Fischmasse vermengen. Das Ganze in eine mit kaltem Wasser ausgespülte Form füllen und im Kühlschrank erstarren lassen.
10. In der Zwischenzeit den Reis mit 3 Tassen Wasser zum Kochen bringen und ca. 15 Minuten bei mittlerer Hitze garen. Anschließend auf ein geöltes Backblech streichen und im Backofen bei 180° C langsam backen lassen, bis der Reis leicht Farbe annimmt. Dann noch weitere 10 Minuten bei 225° C backen. Herausnehmen, in Plätzchen schneiden und abkühlen lassen.
11. Die Reisplätzchen mit dem Fischpudding servieren.

Vorbereitungszeit: 30 Min.
Zubereitungszeit
(ohne Kühlzeit): 35 Min.
Pro Portion ca. 1123 kJ/267 kcal

Jakobsmuscheln aus dem Wok

China

250 g chinesische Eiernudeln
2 El Öl
100 g Krebsfleisch aus der Dose
Pfeffer
2 El Sojasauce
1 El Speisestärke
1 El Sesamöl, Salz
3 Frühlingszwiebeln
1 Stück Ingwerwurzel (3 cm)
500 g Jakobsmuschelfleisch
3 El Erdnußöl
1 El Sake

Für die Sauce:

2 El Sojasauce
1 Tl Speisestärke
Salz + Zucker

1. Die Nudeln in ausreichend kochendem Wasser ca. 5 Minuten garen lassen. Abgießen, abtropfen lassen und warm stellen.
2. Das Öl im Wok erhitzen und das Krebsfleisch mit Pfeffer darin anbraten.
3. Die Sojasauce mit der Speisestärke, 1/4 l Wasser, dem Sesamöl und etwas Salz verrühren. Zu dem Krebsfleisch gießen und unter Rühren aufkochen lassen.
4. Die Sauce mit den Nudeln mischen und alles zusammen warm stellen.
5. Die Frühlingszwiebeln putzen, waschen und in grobe Stücke schneiden. Den Ingwer schälen und in Würfel schneiden. Die Jakobsmuscheln waschen, abtropfen lassen und eventuell halbieren.
6. Das Erdnußöl in einem Wok stark erhitzen und die Frühlingszwiebeln mit dem Ingwer darin anbraten.
7. Die Muscheln und den Sake dazugeben und 2 Minuten lang pfannenrühren.
8. Die Sojasauce mit der Speisestärke, 4 El Wasser, Salz und Zucker verrühren und über die Muscheln gießen. Das Ganze unter Rühren ca. 1 Minute lang kochen lassen.
9. Die Jakobsmuscheln zusammen mit den Nudeln anrichten und servieren.

Vorbereitungszeit: 15 Min.
Zubereitungszeit: 20 Min.
Pro Portion
ca. 2033 kJ/484 kcal

TIP

Ingwer läßt sich am besten so schneiden: Die Knolle mit einem Sparschäler dünn schälen, dabei die harten, holzigen Teile entfernen. Mit dem Küchenbeil oder einem breiten Messer flach klopfen, danach quer zur Faser in feine Streifen schneiden. Durch das Flachdrücken sind die Fasern mürbe geworden und zerfallen in kleine Würfel bzw. Stücke.

Teriyaki-Lachs

Japan

4 Lachskoteletts (je 125 g)
1/8 l Sojasauce
3 El Reiswein
2 El Zucker
1 Msp. Glutamat
2 El Sojaöl
Rettich zum Garnieren
als Beilage Maggi Asia Nudelsnack Abalone

1. Die Lachskoteletts waschen und trockentupfen. Anschließend in eine flache Schale legen.
2. Die Sojasauce mit dem Reiswein, dem Zucker, dem Glutamat und dem Sojaöl vermischen und die Marinade über die Fischstücke gießen.
3. Die Lachskoteletts darin ca. 30 Minuten marinieren und anschließend auf einem Grill von jeder Seite ca. 10 Minuten grillen. Dabei zwischendurch immer wieder mit der Marinade bestreichen.
4. Die Lachskoteletts anrichten, mit Rettich garnieren und servieren. Als Beilage Maggi Asia Nudelsnack Abalone reichen.

Vorbereitungszeit
(ohne Marinierzeit): 10 Min.
Zubereitungszeit: 20 Min.
Pro Portion
ca. 1500 kJ/357 kcal
(ohne Beilage)

Krabbenomelett

China

6 getrocknete Muerr-Pilze
200 g ausgelöste Krabben
1 Msp. Salz
1 Msp. Glutamat, 1 El Ingwerwein
3 Frühlingszwiebeln
2 Eier, 4 Eiweiß
2 El Hühnerbrühe
Öl zum Braten

Für die Sauce:

3 El Sojasauce
4 El Hühnerbrühe
1 El Speisestärke
1 Tl Zucker, 1/2 Tl Salz
1 Msp. Glutamat

1. Die Muerr-Pilze mit kochendem Wasser übergießen, aufquellen lassen.
2. Die Krabben waschen und abtropfen.
3. Das Salz mit dem Glutamat und dem Ingwerwein mischen und die Krabben darin ca. 20 Minuten marinieren.
4. Die Frühlingszwiebeln putzen, waschen und in breite Ringe schneiden. Die Muerr-Pilze auf ein Sieb geben, abtropfen lassen, gut ausdrücken und in Streifen schneiden.
5. Die Eier mit dem Eiweiß und der Hühnerbrühe schaumig schlagen.
6. Das Öl in einem Wok erhitzen und die Frühlingszwiebeln mit den Pilzen ca. 2 Minuten kräftig anbraten, an den Rand des Woks schieben.
7. Die Krabben aus der Marinade nehmen und ebenfalls in dem Wok anbraten. Dann die Frühlingszwiebeln mit den Pilzen und den Krabben zusammen kurz braten.
8. Die Eiermasse darüber gießen und bei mittlerer Hitze stocken lassen. Wenn die Unterseite braun ist, das Omelett wenden und auf der anderen Seite bräunen. Das Omelett herausnehmen und warm stellen.
9. Die Sojasauce mit der Hühnerbrühe, der Speisestärke, dem Zucker, Salz und dem Glutamat vermischen und in den Wok geben. Das Ganze aufkochen und als Sauce zu dem Omelett servieren.

Vorbereitungszeit
(ohne Marinierzeit): 20 Min.
Zubereitungszeit: 20 Min.
Pro Portion ca. 857 kJ/204 kcal

Aalcurry

Pakistan

2 Zwiebeln
4 Knoblauchzehen
2 Chilischoten
2 El Öl
2 El Currypulver
2 Tl Tomatenmark
1 Tl Kurkuma
750 g frischer Aal
Zitronensaft

1. Die Zwiebeln und die Knoblauchzehen schälen und in feine Würfel schneiden.
2. Die Chilischoten halbieren, entkernen und fein hacken.
3. Das Öl erhitzen und die Zwiebelwürfel mit den Knoblauchwürfeln und dem Chili darin anbraten.
4. Das Currypulver dazugeben und mitbraten.
5. Das Tomatenmark, Kurkuma und so viel Wasser dazugeben, daß eine dickliche Sauce entsteht.
6. Den Aal enthäuten, entgräten und in grobe Stücke schneiden. In die Sauce geben und darin gar ziehen lassen.
7. Das Curry mit Zitronensaft abschmecken, anrichten und servieren.

Vorbereitungszeit: 20 Min.
Zubereitungszeit: 20 Min.
Pro Portion
ca. 2446 kJ/582 kcal

Krabben und Tofu aus dem Wok

China

300 g Hummerkrabben
300 g Tofu
1 Bund Frühlingszwiebeln
3 El Sesamöl
3 El Austernsauce
2 El Sojasauce
2 Tl Speisestärke, 1/2 Tl Zucker

1. Von den Hummerkrabben die Schale entfernen, am Rücken einschneiden, den Darm entfernen und waschen. Gut trockentupfen.
2. Den Tofu in große Würfel schneiden.
3. Die Frühlingszwiebeln putzen, waschen und in breite Stücke schneiden.
4. Das Öl erhitzen und die Hummerkrabben mit dem Tofu und den Frühlingszwiebeln darin ca. 5 Minuten unter Rühren braten.
5. Die Austernsauce mit der Sojasauce, der Speisestärke, dem Zucker und 3 El Wasser vermischen.
6. Die Sauce zu den Krabben gießen, einmal aufkochen und so lange köcheln lassen, bis die Sauce dicker wird. Das Ganze herausnehmen, anrichten und servieren.

Vorbereitungszeit: 20 Min.
Zubereitungszeit: 20 Min.
Pro Portion
ca. 1509 kJ/359 kcal

Makrelenauflauf

Korea

500 g frische Makrelenfilets
1 Stange Lauch
2 Schalotten
1 Knoblauchzehe
200 g Rettich
200 g Sojabohnenkeime
1 El Zucker
4 El Sojasauce
1 Tl grober schwarzer Pfeffer
1/2 Tl eingelegter Ingwer
1 Tl gemahlene Pimentkörner
1 Tl Sesamsamen

1. Die Fischfilets putzen, waschen, trockentupfen und in grobe Würfel schneiden. Die Fischwürfel in eine feuerfeste Form legen.
2. Den Lauch putzen, waschen und in Streifen schneiden. Die Schalotten und die Knoblauchzehe schälen und in Würfel schneiden.
3. Den Rettich schälen und in grobe Streifen schneiden. Die Sojabohnenkeime putzen, waschen und trockenschleudern. Das gesamte Gemüse auf den Fischwürfeln verteilen.
4. Den Zucker mit der Sojasauce, dem Pfeffer, dem Ingwer, dem Pimentpulver und den Sesamsamen mischen und in die Form gießen.
5. Den Auflauf im Backofen bei 175° C ca. 20 Minuten garen lassen. Herausnehmen, anrichten und servieren.

Vorbereitungszeit: 15 Min.
Zubereitungszeit: 20 Min.
Pro Portion
ca. 1221 kJ/290 kcal

Fritierte Brassen mit Honigsauce

Philippinen

4 kleine küchenfertige Brassen
Salz
Pfeffer
2 El Reiswein
1 Ei
2 El Maisstärke
Öl zum Ausbacken
1 Stück Ingwerwurzel (2 cm)
2 Chilischoten
3 Frühlingszwiebeln
1 grüne Paprikaschote
2 El Erdnußöl
3 El Essig
2 El Honig
3 El Sojasauce
1 El Speisestärke

1. Die Fische waschen, trockentupfen und mit Salz und Pfeffer würzen. Mit dem Reiswein beträufeln und etwas durchziehen lassen.
2. Das Ei verquirlen. Die Brassen zuerst in dem Ei und dann in der Maisstärke wenden.
3. Das Öl erhitzen und die Brassen darin fritieren. Herausnehmen, abtropfen lassen und warm stellen.
4. Die Ingwerwurzel schälen und in feine Würfel schneiden. Die Chilischoten halbieren, entkernen und ebenfalls fein hacken. Die Frühlingszwiebeln putzen, waschen und in dünne Ringe schneiden. Die Paprikaschote halbieren, entkernen und in feine Streifen schneiden.
5. Das Erdnußöl erhitzen und das Gemüse darin anschwitzen. Den Essig mit dem Honig, der Sojasauce und der Speisestärke vermischen und zu dem Gemüse geben. Alles zusammen einmal aufkochen lassen und als Sauce zu den Brassen servieren.

Vorbereitungszeit: 15 Min.
Zubereitungszeit: 20 Min.
Pro Portion
ca. 1809 kJ/430 kcal

Fischfilets mit Ingwer

Thailand

6 Shitake-Pilze
3 Frühlingszwiebeln
1 Stück Ingwerwurzel (4 cm)
2 El Erdnußöl
3 El Zucker
3 El Reisweinessig
1 El Sojasauce
1 El Speisestärke
4 Schellfisch- oder Dorschfilets (je 250 g)
250 g Mehl
1 Tl Salz
1 El Sesamöl
Öl zum Ausbacken
Petersilie zum Garnieren

1. Die Pilze putzen und in Streifen schneiden.
2. Die Frühlingszwiebeln putzen, waschen und in grobe Stücke schneiden.
3. Die Ingwerwurzel schälen und in feine Streifen schneiden.
4. Das Öl erhitzen und das Gemüse darin anbraten.
5. Den Zucker mit dem Essig, der Sojasauce, der Speisestärke und 200 ml Wasser verrühren und zu dem Gemüse gießen. Das Ganze aufkochen und so lange unter Rühren köcheln lassen, bis eine dickliche Sauce entstanden ist.
6. Die Fischfilets putzen, waschen und trockentupfen.
7. Das Mehl mit dem Salz und dem Öl vermischen. So viel Wasser dazugeben, daß ein dickflüssiger Teig entsteht.
8. Die Fischfilets durch den Teig ziehen und in heißem Öl knusprig braun ausbacken. Mit der Ingwersauce anrichten, mit Petersilie garnieren und servieren.

Vorbereitungszeit: 20 Min.
Zubereitungszeit: 25 Min.
Pro Portion
ca. 2251 kJ/536 kcal

Lachsforelle in scharfer Bohnensauce

China

1 Lachsforelle
Salz
Pfeffer
1 El Bohnenpaste
3 Knoblauchzehen
1 Chilischote
1 Stück Ingwerwurzel (2 cm)
1 El Sojasauce
1 Msp. Glutamat
1 Tl Zucker
1 El Speisestärke
Frühlingszwiebeln zum Garnieren

1. Den Fisch schuppen, die Innereien entfernen und den Fisch gründlich waschen.
2. Den Fisch auf ein ausreichend großes Stück Alufolie legen. Die Seiten der Alufolie hochschlagen, so daß eine Kastenform entsteht.
3. Den Fisch salzen und pfeffern. Die Bohnenpaste mit etwas Wasser glattrühren und den Fisch damit bestreichen.
4. Die Knoblauchzehen schälen und fein würfeln. Die Chilischote halbieren, entkernen und ebenfalls in feine Würfel schneiden. Die Ingwerwurzel schälen und in feine Streifen schneiden. Alles zusammen über den Fisch streuen.
5. Ca. 1/4 l Wasser darauf gießen und den Fisch mit der Alufolienform in einen Bräter setzen. Den Bräter 2 cm hoch mit kochendem Wasser füllen, verschließen und das Ganze im Backofen bei 200° C ca. 30 Minuten garen lassen.
6. Anschließen den Fisch herausnehmen und warm stellen.
7. Die Flüssigkeit in einem anderen Topf aufkochen lassen. Die Sojasauce mit dem Glutamat, dem Zucker und der Speisestärke vermischen und dazugeben. Alles zusammen aufkochen lassen und als Sauce zu dem Fisch servieren. Das Ganze anrichten, mit Frühlingszwiebeln garnieren und servieren.

Vorbereitungszeit: 15 Min.
Zubereitungszeit: 40 Min.
Pro Portion
ca. 908 kJ/216 kcal

Karpfen auf chinesische Art

China

3 getrocknete Shitake-Pilze
1 küchenfertiger Karpfen
1 El Sojasauce
2 El Reiswein
1 Tl Zucker
Salz
3 El Sesamöl
50 g Ingwerwurzel
2 Frühlingszwiebeln
1 rote Chilischote
1 Chinakohl

Für die Sauce:

4 El Austernsauce
1 El Sojasauce
1 El Ingwerwein
1 Tl Maisstärke

1. Die Pilze mit kochendem Wasser übergießen und ca. 20 Minuten aufquellen lassen.
2. Den Karpfen waschen und mehrmals diagonal auf beiden Seiten einschneiden.
3. Die Sojasauce mit dem Reiswein, dem Zucker, Salz und dem Öl verrühren und den Karpfen damit einstreichen.
4. Den Karpfen auf den Siebeinsatz einer Fischkasserolle setzen.
5. Die Ingwerwurzel schälen und in Streifen schneiden. Die Frühlingszwiebeln putzen, waschen und in breite Ringe schneiden. Die Chilischote halbieren, entkernen und fein würfeln. Den Chinakohl putzen, waschen und grob zerpflücken. Die Pilze abgießen, abtropfen lassen und gut ausdrücken. Die Stiele herausdrehen und die Pilze in Streifen schneiden.
6. Das gesamte Gemüse um bzw. auf den Fisch legen. Die Kasserolle mit kochendem Wasser füllen und den Karpfen bei mittlerer Hitze zugedeckt ca. 40 Minuten dämpfen.
7. Die Austernsauce mit der Sojasauce, dem Ingwerwein und der Maisstärke mischen und alles zusammen einmal aufkochen lassen. Als Sauce zu dem Karpfen servieren.

Vorbereitungszeit: 20 Min.
Zubereitungszeit: 45 Min.
Pro Portion ca. 1522 kJ/362 kcal

Karpfen auf indonesische Art

Indonesien

Den Karpfen wie im Grundrezept beschrieben einschneiden. In einem großen Topf oder Wok Öl erhitzen und den Karpfen darin kurz anbraten. 200 g gemischtes, gewürfeltes Gemüse (Möhren, Kartoffeln, Bohnen), 3 El gehackte Wasserkastanien und 1 El Currypulver dazugeben und mit anbraten. Das Ganze mit 1/4 l Kokosmilch ablöschen und den Karpfen darin weich dünsten.

Vorbereitungszeit: 20 Min.
Zubereitungszeit: 30 Min.
Pro Portion
ca. 1189 kJ/283 kcal

Karpfen auf indische Art

Indien

Den Karpfen wie im Grundrezept beschrieben einschneiden. Auf den Siebeinsatz setzen und mit Kokosmilch einreiben bzw. begießen. Um den Fisch herum werden 1 gewürfelte Mango, 1 Bund Koriandergrün, 2 fein geschnittene Chilischoten und 2 in Ringe geschnittene Zwiebeln gelegt. Das Ganze wie im Grundrezept beschrieben zubereiten, anrichten und servieren.

Vorbereitungszeit: 15 Min.
Zubereitungszeit: 45 Min.
Pro Portion
ca. 1303 kJ/310 kcal

Geschmortes Schollenfilet

Japan

4 Schollenfilets
2 El Zitronensaft
100 g Möhren
1 Zwiebel
4 frische Shitake-Pilze
Salz, Pfeffer
Glutamat
2 El Sojasauce
4 El Sake
12 Ginkgonüsse
Tomaten zum Garnieren

1. Die Schollenfilets waschen, mit dem Zitronensaft beträufeln und durchziehen lassen.
2. Die Möhren schälen und in feine Streifen schneiden. Die Zwiebel schälen und in Würfel schneiden.
3. Die Pilze putzen und in Streifen schneiden.
4. 4 ausreichend große Blätter Alufolie auslegen. Die Fischfilets darauf legen und mit dem Gemüse bestreuen.
5. Die Ränder der Alufolie hochziehen und die Gewürze mit der Sojasauce und dem Sake über die 4 Portionen verteilen.
6. Die Ginkgonüsse darüber legen und die Alufolie verschließen.
7. Die Päckchen im Backofen bei 175° C ca. 20 Minuten garen. Anschließend herausnehmen, anrichten, mit Tomaten garnieren und servieren.

Vorbereitungszeit: 20 Min.
Zubereitungszeit: 25 Min.
Pro Portion
ca. 668 kJ/159 kcal

Gewürzte Garnelen am Spieß

Malaysia

250 g gemahlene Erdnüsse
1 El Reisweinessig
1 Tl Zitronensaft
2 Tl Chilipulver
2 El Zucker
1 Tl Sojasauce
1 El Hoisin-Sauce
500 g Riesengarnelenschwänze

Für die Sauce:

4 El Sojasauce
2 El Sake
1 El Fischsauce
1 El Tomatenketchup

1. Die gemahlenen Erdnüsse in einer Pfanne ohne Öl rösten. Anschließend mit dem Essig, dem Zitronensaft, dem Chilipulver, dem Zucker, der Sojasauce und der Hoisin-Sauce verrühren. Die Marinade bereitstellen.
2. Die Garnelenschwänze waschen, die Schalen entfernen und die Schwanzflossen daran lassen. Die Garnelen an der Rückseite aufschlitzen, so daß sich das Garnelenfleisch auseinanderklappen läßt. Gleichzeitig den Darm entfernen.
3. Die Garnelen auseinanderklappen und mit der Marinade bestreichen. Anschließend auf Spieße stecken und von allen Seiten grillen. Während des Grillens häufiger mit der Marinade bepinseln.
4. Die Sojasauce mit dem Sake, der Fischsauce und dem Ketchup zu einer Sauce verrühren und diese als Dip zu den Garnelenspießen reichen.

Vorbereitungszeit: 20 Min.
Zubereitungszeit: 15 Min.
Pro Portion
ca. 1645 kJ/391 kcal

TIP

Je nach Geschmack können Sie weißen (kräftigen) oder roten (milden) Reisweinessig nehmen. Ersatzweise tut es auch ein Weißwein-, Rotwein- oder Obstessig.

Geflügelgerichte, zart und fein, bereichern jeden Tisch

Haus- oder Wildgeflügel stehen in der Gunst der Asiaten ganz oben. Fast jeder hat sein persönliches Lieblingsrezept und findet immer wieder Gelegenheiten, eine andere Version auszuprobieren.
Kreatives Kochen heißt das Zauberwort. Frisch ans Werk.

Würzhähnchen nach Kantonart

China

Öl zum Braten
150 g Walnußkerne
4 Hähnchenbrustfilets
2 El Sojasauce
3 El Hühnerbrühe
1 Tl Salz
1 Msp. Pfeffer
1 Tl Zucker
2 Tl Speisestärke
1 kleine Dose Ananaswürfel (150 g)

1. Das Öl im Wok erhitzen und die Walnußkerne darin rösten. Anschließend herausnehmen und abtropfen lassen.
2. Die Hähnchenbrustfilets in Streifen schneiden und in dem verbliebenen Öl scharf anbraten.
3. Die Sojasauce mit der Hühnerbrühe, dem Salz, Pfeffer, Zucker und der Speisestärke vermischen und auf das Hähnchenfleisch gießen.
4. Das Ganze etwa 15 Minuten köcheln lassen.
5. Die Ananaswürfel auf ein Sieb geben und abtropfen lassen. Zusammen mit den Walnußkernen zu dem Hähnchen geben. Erhitzen und das Ganze heiß servieren.

Vorbereitungszeit: 15 Min.
Zubereitungszeit: 25 Min.
Pro Portion
ca. 1881 kJ/448 kcal

Geschmortes Perlhuhn mit Safran und Tomaten

Burma

1 Perlhuhn
1 Tl Currypulver
2 El Sojasauce
1 Tl Safran
2 El Öl
3 Zwiebeln
3 Knoblauchzehen
1 Chilischote
2 Tl Sardellenpaste
1 Tl Zimt
1 Tl Salz
3 Lorbeerblätter
6 Tomaten

1. Das Perlhuhn putzen, waschen und in 6–8 Portionsstücke teilen.
2. Das Currypulver mit der Sojasauce und dem Safran mischen und die Geflügelteile damit einstreichen.
3. Das Öl erhitzen und die Perlhuhnstücke darin von allen Seiten anbraten.
4. Die Zwiebeln und die Knoblauchzehen schälen und in Würfel schneiden. Die Chilischote halbieren, entkernen und ebenfalls fein würfeln. Alles zusammen zu dem Perlhuhn geben und mit anbraten.
5. Die Sardellenpaste mit dem Zimt, Salz und den Lorbeerblättern zu den anderen Zutaten in die Pfanne geben.
6. Die Tomaten enthäuten, grob hacken und ebenfalls dazugeben. Das Gericht ca. 1 Stunde schmoren lassen. Anrichten und servieren.

Vorbereitungszeit: 15 Min.
Zubereitungszeit: 90 Min.
Pro Portion
ca. 2004 kJ/477 kcal

Feines Hühnercurry

Thailand

1 Hähnchen
1/2 l Kokosmilch
2 Stengel Zitronengras
2 El Erdnußbutter
1 El gelbe Currypaste
1 Tl Zimtpulver
1 Tl Kardamompulver
Limonensaft
Zucker
Zitronenmelisse zum Garnieren

1. Das Hähnchen putzen, waschen, das Fleisch von den Knochen entfernen und in mundgerechte Stücke schneiden.
2. Das Fleisch zusammen mit der Kokosmilch, dem Zitronengras und der Erdnußbutter in einen Topf geben und ca. 40 Minuten köcheln lassen.
3. Das Fleisch herausnehmen, das Zitronengras entfernen und die Currypaste mit dem Zimtpulver und dem Kardamompulver hineingeben.
4. Das Ganze durch Kochen um die Hälfte reduzieren und mit Limonensaft und Zucker abschmecken.
5. Das Hähnchenfleisch wieder hineingeben, erwärmen und das Hühnercurry mit Zitronenmelisse garniert servieren.

Vorbereitungszeit: 15 Min.
Zubereitungszeit: 1 Std.
Pro Portion
ca. 1313 kJ/312 kcal

Putenkeulen mit Frucht-Chutney

Indien

2 Putenkeulen
1 Zwiebel
1 Knoblauchzehe
3 El Essig
1 Tl Kurkuma
Öl zum Braten
4 Nelken
1 Zimtstange
3 Kardamomkapseln

Für das Chutney:

200 g frische Datteln
200 g Stachelbeeren
2 Chilischoten
1 Knoblauchzehe
1 Tl Garam masala
1/4 l Reisweinessig

1. Die Putenkeulen waschen und trockentupfen.
2. Die Zwiebel und die Knoblauchzehe schälen und fein würfeln. Mit dem Essig und dem Kurkuma mischen und die Putenkeulen darin 30 Minuten marinieren.
3. Das Öl erhitzen und die Nelken, die Zimtstange und die Kardamomkapseln darin anbraten.
4. Die Putenkeulen aus der Beize nehmen, zu den Gewürzen geben und mit anbraten. Das Ganze mit etwas von der Beize und 4 El Wasser ablöschen und die Putenkeulen darin gar schmoren lassen.
5. Für das Chutney die Datteln entkernen und zusammen mit den Stachelbeeren in einen Topf geben.
6. Die Chilischoten halbieren, entkernen und fein hacken. Zu dem Obst geben.
7. Die Knochlauchzehe schälen, zerdrücken und zusammen mit dem Garam masala und dem Essig zu dem Obst geben. Das Ganze bei mittlerer Hitze so lange köcheln lassen, bis das Chutney eine breiige Konsistenz hat.
8. Die Putenkeulen aus dem Topf nehmen, das Fleisch in mundgerechte Stücke schneiden und zusammen mit dem Frucht-Chutney anrichten und servieren.

Vorbereitungszeit
(ohne Marinierzeit): 15 Min.
Zubereitungszeit: 45 Min.
Pro Portion
ca. 1291 kJ/307 kcal

Geschmorte Gänsekeulen mit Linsen

Indien

4 Gänsekeulen
1 Becher Joghurt (150 g)
1 Msp. gemahlener Kreuzkümmel
1 El Korianderpulver
1 Tl gemahlenes Kurkuma
1 Tl Chilisauce, 1 Msp. Pfeffer
2 Zwiebeln
1 Knoblauchzehe, 1 El Öl
3 Nelken
3 Kardamomkapseln
1 kleine Zimtstange
Limonensaft, Salz

Für die Linsen:

300 g rote Linsen
1 Tl Salz
1 Msp. Korianderpulver
1 Msp. Ingwerpulver
3 Nelken
2 El Garam masala
2 Zwiebeln, 1 El Butter

1. Die Gänsekeulen putzen, waschen und in eine Schüssel geben.
2. Den Joghurt schaumig schlagen und mit Kreuzkümmel, Korianderpulver, Kurkuma, Chilisauce sowie Pfeffer vermischen. Das Ganze über die Gänsekeulen geben und ca. 30 Minuten marinieren.
3. Die Zwiebeln und die Knoblauchzehe schälen und beides fein würfeln. In dem heißen Öl anschwitzen.
4. Die Nelken, die Kardamomkapseln und die Zimtstange dazugeben und kurz mit anbraten.
5. Die Gänsekeulen mit der Marinade dazugeben und das Ganze zugedeckt ca. 40 Minuten schmoren. Mit Limonensaft und Salz abschmecken.
6. Die Linsen mit den Gewürzen und ausreichend Wasser in einen Topf geben und ca. 15 Minuten garen lassen.
7. Die Zwiebeln schälen und in feine Würfel schneiden. Die Butter erhitzen und die Zwiebelwürfel darin bräunen.
8. Die Linsen abgießen, abtropfen lassen und zu den Zwiebeln geben. Kurz mit anbraten und zusammen mit den Gänsekeulen servieren.

Vorbereitungszeit
(ohne Marinierzeit): 15 Min.
Zubereitungszeit: 1 Std.
Pro Portion ca. 2671 kJ/636 kcal

Bunter Geflügeltopf

Indonesien

1 Knoblauchzehe
1 Stück Ingwerwurzel (3 cm)
1/2 Tl Salz
1 Msp. Pfeffer
400 g Hähnchenbrustfilet
2 El Öl zum Braten
1/4 Kopf Weißkohl
2 Möhren
1 grüne Paprikaschote
1/2 l Hühnerbrühe
250 g chinesische Eiernudeln

1. Die Knoblauchzehe und die Ingwerwurzel schälen. Beides in feine Würfel schneiden. Mit dem Salz und Pfeffer mischen.
2. Das Hähnchenbrustfilet waschen, trockentupfen und in feine Streifen schneiden.
3. Das Öl erhitzen. Das Hähnchenfleisch in der Gewürzmischung wälzen und in dem Öl anbraten. Zugedeckt ca. 10 Minuten dünsten.
4. Den Weißkohl putzen, waschen und grob raspeln. Die Möhren schälen und ebenfalls grob raspeln. Die Paprikaschote halbieren, entkernen und in Streifen schneiden.
5. Das Gemüse zu dem Fleisch geben. Die Hälfte der Brühe zugießen und das Ganze zugedeckt weitere 20 Minuten schmoren lassen.
6. 10 Minuten vor Ende der Garzeit die restliche Brühe dazugeben, aufkochen lassen und die Nudeln hineingeben.
7. Nach Ende der Garzeit die noch vorhandene Flüssigkeit verkochen lassen und den Geflügeltopf heiß servieren.

Vorbereitungszeit: 20 Min.
Zubereitungszeit: 40 Min.
Pro Portion
ca. 1840 kJ/438 kcal

Putengeschnetzeltes mit Tofu

Japan

600 g Putenschnitzel
2 Zwiebeln
1/2 Chinakohl
200 g Zuckerschoten
1 kleine Dose Bambussprossen (in Streifen geschnitten)
2 El Öl
1 Msp. Glutamat
2 Tl Sojasauce
1 El Hoisin-Sauce
150 g Tofu

1. Die Putenschnitzel waschen, trockentupfen und in Streifen schneiden.
2. Die Zwiebeln schälen und in feine Streifen schneiden.
3. Den Chinakohl putzen, waschen und in breite Streifen schneiden.
4. Die Zuckerschoten putzen, waschen und trockenschleudern.
5. Die Bambussprossen auf ein Sieb geben und abtropfen lassen.
6. Das Öl in einer Pfanne erhitzen und das Putenfleisch mit den Zwiebeln darin anbraten.
7. Den Chinakohl und die Zuckerschoten ebenfalls dazugeben und das Ganze ca. 10 Minuten lang pfannenrühren.
8. Die Bambussprossen zu dem Putengeschnetzelten geben. Das Glutamat mit der Sojasauce und der Hoisin-Sauce vermischen und ebenfalls dazugeben.
9. Das Ganze ca. 5 Minuten köcheln lassen. Den Tofu in Würfel schneiden und dazugeben. Kurz erwärmen und das Putengeschnetzelte anrichten.

Vorbereitungszeit: 20 Min.
Zubereitungszeit: 25 Min.
Pro Portion
ca. 1234 kJ/
294 kcal

Putengeschnetzeltes mit Erdnüssen

Indonesien

600 g Putenschnitzel werden in Streifen geschnitten und zusammen mit 1 El gehacktem Ingwer in heißem Öl angebraten. 5 El Sojasauce mit 1/8 l Hühnberbrühe mischen und dazugeben. Alles zusammen ca. 20 Minuten schmoren lassen. Zum Schluß 3 El Erdnußbutter mit etwas Salz und Sambal Oelek dazugeben und aufkochen lassen. Das Geschnetzelte mit gehackten Erdnüssen bestreut servieren.

Vorbereitungszeit: 20 Min.
Zubereitungszeit: 30 Min.
Pro Portion
ca. 1330 kJ/316 kcal

Putengeschnetzeltes mit Schmorgurke

China

600 g Putenschnitzel in feine Streifen schneiden und mit 2 in Ringe geschnittenen Zwiebeln und 2 gehackten Knoblauchzehen fast gar braten. 1 Salatgurke halbieren, die Kerne mit einem Löffel entfernen und die Gurke in Scheiben schneiden. Zu dem Geschnetzelten geben und vorsichtig kurz mit anbraten. 2 El Pflaumenmus mit 2 El Sojasauce, 2 El Hoisin-Sauce, 2 Tl Zucker und etwas Salz vermischen und zu dem Geschnetzelten geben. Das Ganze einmal aufkochen lassen und heiß servieren.

Vorbereitungszeit: 20 Min.
Zubereitungszeit: 25 Min.
Pro Portion
ca. 977 kJ/232 kcal

Gefülltes Ingwerhähnchen

Laos

1 Zwiebel
50 g Ingwerwurzel, 1 Knoblauchzehe
2 El Butter
250 g gemischtes Hackfleisch
Salz
1 Brathähnchen
Öl zum Braten
ca. 1 l Kokosmilch
rote Paprikaschoten undPetersilie zum Garnieren

1. Die Zwiebel, die Ingwerwurzel und die Knoblauchzehe schälen und alles fein würfeln.
2. Die Butter erhitzen und die Zwiebel-, Ingwer- und Knoblauchwürfel darin anbraten.
3. Das Hackfleisch dazugeben und kurz mit anbraten. Den Fleischteig mit Salz abschmecken.
4. Das Hähnchen säubern und mit der Fleischmasse füllen.
5. Das Öl erhitzen und das Hähnchen darin von allen Seiten gut anbraten. Die Kokosmilch zugießen und das Ganze im geschlossenen Topf ca. 1 Stunde schmoren lassen.
6. Das Hähnchen herausnehmen, die Kokosmilch etwas einkochen und als Sauce zu dem Ingwerhähnchen reichen. Das Ganze mit Paprikastreifen und Petersilie garniert servieren.

Vorbereitungszeit: 20 Min.
Zubereitungszeit: 1 1/4 Std.
Pro Portion
ca. 1893 kJ/450 kcal

Exotisches Geflügelragout

Malaysia

1 1/2 kg Hähnchenteile
1 Msp. gemahlener Kreuzkümmel
1 Msp. Anispulver
2 Tl Zimt
1 El Korianderpulver
1 Tl Nelkenpulver
1 Msp. gemahlener Kardamom
1 Tl Pfeffer, 2 Tl Salz
3 El Öl
2 El Sesamöl zum Braten
200 g möglichst frische Kokosraspeln
2 Zwiebeln
1 El Limonensaft
3 El Kokosmilch
100 g Cashewkerne
2 El Rosinen
2 Tomaten
1 grüne Paprikaschote

1. Das Hähnchenfleisch putzen, waschen und in kleine Würfel schneiden.
2. Die Gewürze mit dem Öl mischen und die Hähnchenwürfel darin ca. 1 Stunde marinieren.
3. Das Sesamöl erhitzen und die Kokosraspeln darin anbraten.
4. Die Zwiebeln schälen und in Ringe schneiden. Zu den Kokosraspeln geben und kurz mit anschwitzen.
5. Das Hähnchenfleisch mit dem Limonensaft und der Kokosmilch dazugeben und das Ragout ca. 30 Minuten garen. Das Hähnchenfleisch sollte weich und die Flüssigkeit eingekocht sein.
6. Ca. 10 Minuten vor Ende der Garzeit die Cashewkerne und die Rosinen unter das Ragout heben. Die Tomaten vierteln, die Paprikaschote in Streifen schneiden und beides unterrühren. Das Ragout anrichten und servieren.

Vorbereitungszeit
(ohne Marinierzeit): 15 Min.
Zubereitungszeit: 45 Min.
Pro Portion ca. 3164 kJ/753 kcal

Huhn-Pilz-Auflauf

China

6 getrocknete Shitake-Pilze
4 Hähnchenbrustfilets
1 Stück Ingwerwurzel (3 cm)
3 Frühlingszwiebeln
3 El Sojasauce
1 Tl Zucker
2 El Erdnußöl
1 El Reiswein
1/2 Tl Salz
250 g Reis
1/8 l Hühnerbrühe

1. Die Shitake-Pilze mit kochendem Wasser übergießen und darin ausquellen lassen.
2. Die Hähnchenbrustfilets waschen, trockentupfen und in mundgerechte Stücke schneiden.
3. Die Ingwerwurzel schälen und in feine Würfel schneiden. Die Frühlingszwiebeln putzen, waschen und in breite Ringe schneiden. Bei den Pilzen die Stiele entfernen und die Pilze in Streifen schneiden.
4. Das Gemüse mit dem Hähnchenfleisch, der Sojasauce, dem Zucker, dem Öl, dem Reiswein und dem Salz vermengen.
5. Den Reis in kochendem Wasser 15 Minuten garen. Abgießen, abschrecken und in eine feuerfeste Form füllen.
6. Die Hühnerbrühe über den Reis gießen und die Hühnerfleisch-Mischung auf den Reis legen. Die Form verschließen und den Huhn-Pilz-Auflauf im Backofen bei 220° C ca. 20 Minuten garen lassen. Herausnehmen und heiß servieren.

Vorbereitungszeit: 25 Min.
Zubereitungszeit: 20 Min.
Pro Portion
ca. 1290 kJ/307 kcal

Entenröllchen in süß-saurer Sauce

Thailand

4 Entenbrustfilets ohne Haut
1 Tl Korianderpulver
1 Tl schwarzer Pfeffer
1 Tl Salz
1 Tl gemahlener Kreuzkümmel
Öl zum Braten
1 Bund Frühlingszwiebeln
1 Bund Koriandergrün
2 Möhren
4 Reispapierblätter
Erdnußöl zum Ausbacken

Für die Sauce:

4 Shitake-Pilze
2 El eingelegter Ingwer
1/2 Stange Porree
2 El Zucker, 3 El Essig
3 El Sojasauce, 2 El Speisestärke

1. Die Entenbrustfilets putzen, waschen und trockentupfen. Das Entenfleisch mit den Gewürzen einreiben und in dem Öl von allen Seiten braun und gar braten.
2. Die Filets in feine Streifen schneiden und auskühlen lassen.
3. Die Frühlingszwiebeln putzen, waschen und in feine Ringe schneiden.
4. Das Koriandergrün waschen, trockenschleudern und fein hacken.
5. Die Möhren schälen und in feine Streifen schneiden.
6. Die Reispapierblätter in heißem Wasser einweichen.
7. Das Gemüse und die Kräuter mit den Entenstreifen vermischen.
8. Die Reispapierblätter trockentupfen und die Füllung darauf verteilen. Die Blätter zusammenrollen und die Entenröllchen in heißem Erdnußöl ca. 10 Minuten ausbacken.
9. Die Shitake-Pilze putzen und fein hacken. Auch den Ingwer und den gewaschenen Porree fein hacken.
10. Das Gemüse zusammen mit dem Zucker, dem Essig, der Sojasauce, 3 El Wasser und der Speisestärke in einen Topf geben und aufkochen. Das Ganze bei mittlerer Hitze ca. 10 Minuten köcheln lassen und als Sauce zu den Entenröllchen servieren.

Vorbereitungszeit: 40 Min.
Zubereitungszeit: 30 Min.
Pro Portion ca. 1968 kJ/468 kcal

Philippinische Geflügelpfanne

Philippinen

750 g Hähnchenfleisch
1/4 l Essig
1 El Sojasauce
Salz
Pfeffer
1 Knoblauchzehe
Öl zum Braten
1/2 l Kokosmilch
1 Dose Ananaswürfel (225 g)
Petersilie zum Garnieren

1. Das Hähnchenfleisch waschen, trockentupfen und in Streifen schneiden.
2. Den Essig mit der Sojasauce, Salz und Pfeffer mischen und über das Hähnchenfleisch gießen. Die Knoblauchzehe schälen, zerdrücken und ebenfalls dazugeben. Das Ganze ca. 30 Minuten marinieren.
3. Das Hähnchenfleisch mit der Beize in einen Topf geben und ca. 15 Minuten köcheln lassen.
4. Anschließend die Flüssigkeit abgießen, das Öl hinzugeben und das Hähnchenfleisch braun braten.
5. Das Ganze mit der Kokosmilch ablöschen und etwas einkochen.
6. Die Ananaswürfel auf ein Sieb gießen, abtropfen lassen und zu der Geflügelpfanne geben. Erwärmen und die Geflügelpfanne mit Petersilie garniert servieren.

Vorbereitungszeit (ohne Marinierzeit): 15 Min., Zubereitungszeit: 45 Min.
Pro Portion
ca. 1134 kJ/
270 kcal

Knusprige Wachteln mit Brokkolisalat

China

8 küchenfertige Wachteln
1 l Hühnerbrühe
Öl zum Ausbacken
1 Stück Ingwerwurzel (3 cm)
2 Frühlingszwiebeln
2 El Erdnußöl
1 El Reiswein, 2 El Sojasauce
1 El Gemüsebrühe
1 Tl brauner Zucker
2 Tl Speisestärke

Für den Salat:

500 g Brokkoli
2 El helle Sojasauce
2 El Reiswein
2 El Sesamöl
Salz, 1 El Zucker

1. Die Wachteln waschen und in der Hühnerbrühe ca. 15–20 Minuten köcheln lassen. Anschließend herausnehmen und abtropfen lassen.
2. Ausreichend Öl erhitzen und die Wachteln darin schwimmend ausbacken. Die Wachteln herausnehmen, abtropfen lassen und warm stellen.
3. Die Ingwerwurzel schälen und fein würfeln. Die Frühlingszwiebeln putzen, waschen und in Streifen schneiden. Beides in dem erhitzten Erdnußöl anbraten.
4. Den Reiswein mit der Sojasauce, der Gemüsebrühe, dem Zucker und der Speisestärke mischen und zu dem Gemüse gießen. Das Ganze einmal aufkochen lassen und als Sauce zu den Wachteln servieren.
5. Für den Salat den Brokkoli putzen, waschen und in Röschen teilen. Die Röschen in kochendem Salzwasser ca. 2 Minuten blanchieren. Anschließend herausnehmen, abtropfen und abkühlen lassen.
6. Die Sojasauce mit dem Reiswein, dem Öl, Salz und Zucker zu einer Salatsauce verrühren und das Ganze mit den Brokkoliröschen mischen. Den Brokkolisalat zu den Wachteln servieren.

Vorbereitungszeit: 20 Min.
Zubereitungszeit: 45 Min.
Pro Portion
ca. 2457 kJ/585 kcal

Fasan mit Blattspinat

Korea

1 küchenfertiger Fasan
1 El Sesamsamen
1 Zwiebel
1 Knoblauchzehe
1 Tl Pfeffer
4 El Sojasauce
1 Tl Zucker
1 El Sesamöl
1 kg Spinat
Öl zum Braten

1. Den Fasan putzen, waschen, trockentupfen und das Fleisch von den Knochen lösen. Das Fasanenfleisch anschließend in Streifen schneiden. Die Fleischstücke in eine flache Schüssel legen und mit den Sesamsamen bestreuen.
2. Die Zwiebel und die Knoblauchzehe schälen und beides fein würfeln. Zusammen mit dem Pfeffer, der Sojasauce, dem Zucker und dem Sesamöl auf das Fasanenfleisch geben. Das Ganze ca. 30 Minuten marinieren.
3. Den Spinat portionsweise in kochendem Wasser 2 Minuten blanchieren. Herausnehmen, abtropfen lassen und grob hacken.
4. Das Öl erhitzen und die Fasanenstücke darin anbraten. Etwas von der Marinade dazugeben und das Ganze ca. 1 Stunde gar schmoren lassen.
5. Nach dem Ende der Garzeit die Flüssigkeit verkochen lassen und den Spinat dazugeben. Kurz unter Rühren braten und das Ganze heiß servieren.

Vorbereitungszeit
(ohne Marinierzeit): 30 Min.
Zubereitungszeit: 1 1/2 Std.
Pro Portion
ca. 2458 kJ/585 kcal

Gebratene Ente auf Yunnan-Art

China

1 Ente (1 1/2 kg)
1 Bund Frühlingszwiebeln
2 Knoblauchzehen
1 El Bohnenpaste
1 Tl Zimt
1 Tl Glutamat
1 El brauner Zucker
1 Msp. schwarzer Pfeffer
2 El Reiswein
2 Tl Salz
1/4 l Hühnerbrühe
2 El Sojasauce
1 El Honig

Für die Sauce:

2 El Sesamöl
6 El süße Bohnenpaste
2 El Zucker

1. Die Ente putzen, waschen und trockentupfen.
2. Die Frühlingszwiebeln putzen, waschen und in feine Ringe schneiden. Die Knoblauchzehen schälen und fein zerdrücken. Beides mit der Bohnenpaste, dem Zimt, dem Glutamat, dem Zucker, dem Pfeffer, dem Reiswein, Salz und der Hühnerbrühe mischen. Alles zusammen ca. 2 Minuten sprudelnd kochen lassen.
3. Die Masse in die Ente füllen und die Ente mit Küchengarn zunähen.
4. Die Sojasauce mit dem Honig und 1 El Wasser mischen und die Ente damit einstreichen.
5. Die Ente in einen Bräter setzen und zugedeckt bei 225° C ca. 50 Minuten braten lassen. Anschließend den Deckel entfernen und die Ente unter mehrmaligem Begießen so lange weiter braten, bis sie knusprig und gar ist.
6. Das Sesamöl erhitzen, die Bohnenpaste mit dem Zucker sowie 1/8 l Wasser hineingeben und alles zusammen zu einer dicklichen Sauce einkochen lassen.
7. Die Ente aus dem Bräter nehmen, in Portionsstücke teilen und mit der Sauce servieren.

Vorbereitungszeit: 15 Min.
Zubereitungszeit: 2 Std.
Pro Portion
ca. 2512 kJ/598 kcal

Eierreis mit Hähnchen

Japan

400 g Reis
Salz
300 g Hähnchenbrustfilet
200 g Rettich
1 Möhre
200 g Shitake-Pilze
3/8 l Fischbrühe
6 El Sojasauce
4 El Sake
6 Eier

1. Den Reis in ausreichend Salzwasser ca. 20 Minuten lang kochen. Anschließend abgießen, abschrecken und abtropfen lassen.
2. Das Hähnchenbrustfilet waschen und in fingerdicke Scheiben schneiden.
3. Den Rettich schälen und in breite Streifen schneiden. Die Möhre schälen und ebenfalls in Streifen schneiden. Die Pilze putzen und in Scheiben schneiden.
4. Die Fischbrühe mit der Sojasauce und dem Sake mischen und aufkochen lassen. Das Fleisch mit dem Gemüse hineingeben und ca. 20 Minuten köcheln lassen. Das Ganze auf ein Sieb gießen und abtropfen lassen. Die Flüssigkeit dabei auffangen.
5. Das Fleisch mit dem Gemüse in eine hohe Pfanne oder einen Wok geben und mit so viel von der Flüssigkeit begießen, daß der Boden bedeckt ist.
6. Die Eier verquirlen und darüber gießen. Die Eier bei mittlerer Hitze stocken lassen.
7. Den Reis in eine Schüssel geben und die restliche heiße Brühe darauf gießen. Die Eier-Fleisch-Gemüse-Mischung darüber legen und servieren.

Vorbereitungszeit: 15 Min.
Zubereitungszeit: 50 Min.
Pro Portion
ca. 1685 kJ/401 kcal

Puten-Auberginen-Kasserolle

Indien

300 g Kartoffeln
Salz
3 Knoblauchzehen
2 Zwiebeln
1 Stück Ingwerwurzel (3 cm)
1/2 Bund Minze
2 Tl Garam masala
1/2 Tl Chilisauce
1 Tl Salz
2 El Essig
750 g Putenfleisch
Öl zum Braten
2 Auberginen
1/2 Tl Kurkuma

1. Die Kartoffeln schälen, in Würfel schneiden und in kochendem Salzwasser ca. 15 Minuten garen lassen.
2. Die Knoblauchzehen schälen und fein zerdrücken. Die Zwiebeln schälen und in feine Würfel schneiden.
3. Die Ingwerwurzel schälen und fein hacken. Die Minze waschen, trockenschleudern und ebenfalls fein hacken.
4. Den Knoblauch mit den Zwiebeln, dem Ingwer, der Minze, Garam masala, der Chilisauce, Salz und dem Essig zu einer Paste verrühren.
5. Das Putenfleisch putzen, waschen und in grobe Würfel schneiden. Zusammen mit der Hälfte der Gewürzpaste in eine Schüssel geben und ca. 30 Minuten marinieren.
6. Das Öl erhitzen und die andere Hälfte der Gewürzmischung darin anbraten.
7. Die Auberginen putzen, waschen und in Scheiben schneiden. Zusammen mit dem Kurkuma zur Gewürzmischung geben und 5 Minuten lang mitbraten.
8. Das Putenfleisch dazugeben und 10 Minuten lang darin andünsten. Das Ganze mit 1/2 l kochendem Wasser ablöschen, aufkochen lassen und bei mittlerer Hitze ca. 30 Minuten schmoren lassen.
9. Die Kartoffeln dazugeben, kurz erhitzen und die Puten-Auberginen-Kasserolle anrichten und servieren.

Vorbereitungszeit
(ohne Marinierzeit): 20 Min.
Zubereitungszeit: 1 Std.
Pro Portion
ca. 1370 kJ/326 kcal

Zitronen-Poularde

Indien

1 Poularde
300 g Joghurt
2 Tl Chilipulver
1 Tl schwarze Pfefferkörner
1 Tl Chilisauce
4 El Essig
2 Tl Ingwerpulver
2 Tl Garam masala
3 El Zitronensaft
3 Knoblauchzehen
1/2 Papaya
Öl zum Braten
Zitronenscheiben zum Garnieren

1. Die Poularde waschen, trockentupfen und in 6–8 Portionsstücke schneiden. Die Poulardenteile in eine flache Schüssel legen.
2. Den Joghurt schaumig schlagen und mit Chilipulver, Pfefferkörnern, Chilisauce, Essig, Ingwerpulver, Garam masala und dem Zitronensaft vermischen.
3. Die Knoblauchzehen schälen und fein zerdrücken. Die Papaya ebenfalls schälen und pürieren. Beides zu dem Joghurt geben. Die Marinade über das Fleisch geben und dieses darin über Nacht marinieren.
4. Am nächsten Tag das Fleisch herausnehmen, abtropfen lassen und in heißem Öl von allen Seiten knusprig braun und gar braten.
5. Die Zitronen-Poularde mit Zitronenscheiben garniert servieren.

Vorbereitungszeit (ohne Marinierzeit): 20 Min.
Zubereitungszeit: 45 Min.
Pro Portion
ca. 1456 kJ/346 kcal

Chili-Poularde

Pakistan

2 in Ringe geschnittene Zwiebeln mit 2 zerdrückten Kardamomkapseln, 1 Zimtstange, 1 El gehacktem Ingwer und 1 El gemahlenem Kreuzkümmel in Öl anbraten. 2 enthäutete Tomaten dazugeben und mitbraten. 1 Poularde mit 3 zerdrückten Chilischoten einreiben, in 6 – 8 Portionsstücke teilen und dazugeben. Kurz mit anbraten und das Ganze mit 1/4 l Hühnerbrühe ablöschen. Aufkochen lassen und die Poularde darin gar schmoren lassen.

Vorbereitungszeit: 15 Min.
Zubereitungszeit: 45 Min.
Pro Portion
ca. 1167 kJ/278 kcal

Kokos-Poularde

Malaysia

2 El möglichst frische Kokosraspeln in 2 El Öl anbraten. Herausnehmen. 1 Poularde in 6 – 8 Portionsstücke teilen und in heißem Öl von allen Seiten anbraten. 1 Msp. Safran, 1 Msp. Chilipulver, 1 El Korianderpulver, Salz und 2 Tl Ingwerpulver darüber streuen und das Ganze mit 1/2 l Kokosmilch ablöschen. Das Geflügel darin gar schmoren lassen und mit den Kokosflocken bestreut servieren.

Vorbereitungszeit: 15 Min.
Zubereitungszeit: 45 Min.
Pro Portion
ca. 1365 kJ/325 kcal

Entenbrüstchen auf Bananenreis

Burma

1 Zwiebel
2 El Sesamöl
2 Bananen
250 g Reis
3/4 l Kokosmilch
1 Tl Salz
4 Entenbrustfilets mit Haut
1 Tl Zimt
1 Tl Glutamat
Pfeffer, Salz
1 Msp. Korianderpulver
Öl zum Braten

1. Die Zwiebel schälen und in feine Würfel schneiden.
2. Das Öl erhitzen und die Zwiebelwürfel darin anbraten. Die Bananen schälen, zerdrücken und zu den Zwiebeln geben.
3. Den Reis ebenfalls zu den Zwiebeln geben und glasig andünsten. Das Ganze mit der Kokosmilch ablöschen, Salz dazugeben und ca. 20 Minuten garen lassen.
4. Die Entenbrustfilets waschen, trockentupfen und mit den Gewürzen einreiben.
5. Das Öl erhitzen und die Entenbrustfilets darin von allen Seiten knusprig braun und gar braten.
6. Den Bananenreis anrichten. Die Entenbrustfilets in Scheiben schneiden, auf dem Reis anrichten und servieren.

Vorbereitungszeit: 15 Min.
Zubereitungszeit: 40 Min.
Pro Portion ca. 2090 kJ/497 kcal

TIP

Glutamat wird in der asiatischen Küche viel verwendet, um den Eigengeschmack der Lebensmittel zu verstärken, ohne ihn wesentlich zu verändern. Normalerweise sind diese Salze der Glutaminsäure ernährungstechnisch unbedenklich. Allerdings können empfindliche Menschen darauf allergisch reagieren. In diesem Fall sollten Sie das Glutamat weglassen.

Geflügelfondue auf Japan-Art

Japan

1 Poularde
300 g Chinakohl
200 g Möhren
300 g Porree
4 getrocknete Tongu-Pilze
5 El Zitronensaft
5 El Sojasauce
300 g Rettich
1 1/2 l Hühnerbrühe
1 El Sake
1 Tl Zucker

1. Die Poularde waschen, trockentupfen, Knochen und Haut entfernen und anschließend das Fleisch in mundgerechte Würfel schneiden. Auf Platten verteilen und bereitstellen.
2. Das Gemüse putzen, waschen und in mundgerechte Stücke schneiden.
3. Die Tongu-Pilze einweichen, anschließend ausdrücken, den Stiel entfernen und eventuell halbieren.
4. Das gesamte Gemüse ebenfalls auf Platten verteilen.
5. Den Zitronensaft mit der Sojasauce und 5 El Wasser zu einer Sauce rühren.
6. Den Rettich schälen und fein reiben. Die Rettichraspeln in kleine Schüsselchen geben.
7. Die Hühnerbrühe mit dem Sake und dem Zucker in den Fonduetopf geben und erhitzen. Nun kann sich jeder selber sein Fleisch und Gemüse in der Brühe garen. Die fertigen Speisen können in die Sauce und in den Rettich gedipt werden.

Vorbereitungszeit: 25 Min.
Pro Portion
ca. 1707 kJ/406 kcal

Teriyaki-Geflügel

Japan

500 g Hähnchen- oder Putenbrustfilet
1 Stück Ingwerwurzel (2 cm)
3 El Sojasauce
2 El Reiswein
1 Tl Zucker
2 El Speisestärke
Öl zum Braten
als Beilage Maggi Asia Nudelsnack Ayam Huhn

1. Das Fleisch putzen, waschen und in grobe Stücke schneiden.
2. Die Ingwerwurzel schälen und fein hacken. Mit der Sojasauce, dem Reiswein und dem Zucker zu einer Sauce rühren.
3. Die Fleischstücke in die Sauce legen und darin ca. 20 Minuten marinieren.
4. Die Fleischstücke herausnehmen, abtropfen lassen und in der Speisestärke wenden.
5. Das Öl erhitzen und die Geflügelstücke darin von allen Seiten braun anbraten.
6. Die Marinade dazugießen und das Ganze bei mittlerer Temperatur gar schmoren lassen. Als Beilage Maggi Asia Nudelsnack Ayam Huhn servieren.

Vorbereitungszeit
(ohne Marinierzeit): 20 Min.
Zubereitungszeit: 20 Min.
Pro Portion
ca. 731 kJ/174 kcal
(ohne Beilage)

Hähnchenkeulen mit Reis und Erbsen

Indien

4 küchenfertige Hähnchenkeulen
1 Zwiebel
2 El Butter
250 g Reis
3/4 l Hühnerbrühe
200 g frische Erbsen
6 Nelken
6 Kardamomkapseln
1/2 Stange Zimt
Salz
1/2 Tl Kreuzkümmel
Öl zum Braten

1. Die Hähnchenkeulen putzen, waschen und zusammen mit der geschälten Zwiebel in einen Topf mit ausreichend Wasser geben. Das Ganze aufkochen lassen, abschäumen und die Hähnchenkeulen darin ca. 30 Minuten köcheln lassen.
2. Die Butter erhitzen und den Reis darin glasig anschwitzen. Mit der Hühnerbrühe ablöschen und das Ganze aufkochen.
3. Die Erbsen mit den Gewürzen dazugeben und alles zusammen ca. 20 Minuten garen lassen.
4. Die Hähnchenkeulen aus der Brühe nehmen, abtropfen lassen und in dem erhitzten Öl von allen Seiten knusprig braun braten. Die Hähnchenkeulen mit dem Reis servieren.

Vorbereitungszeit: 15 Min.
Zubereitungszeit: 50 Min.
Pro Portion
ca. 1640 kJ/390 kcal

Gemüse, der Geheimtip für ernährungsbewußte Genießer

In der asiatischen Küche weiß man bereits seit mehr als 5000 Jahren, welchen Wert knackiges, frisches Gemüse hat und beläßt es deshalb auch in unzerkochtem Zustand.

Mariniertes Gemüse in Reispapier

Japan

1 Rettich
200 g Möhren
1 Bund Frühlingszwiebeln
2 El Essig
Pfeffer
4 El Öl
1/2 Tl Korianderkörner
1/2 Tl Kreuzkümmel
8 Reispapier-Blätter
Schnittlauch zum Garnieren

1. Den Rettich putzen, schälen und in feine Streifen schneiden. Die Möhren schälen und ebenfalls in feine Streifen schneiden. Die Frühlingszwiebeln putzen, waschen und in Ringe schneiden.
2. Aus dem Essig, Pfeffer, dem Öl, den Korianderkörnern und dem Kreuzkümmel eine Marinade rühren.
3. Das Gemüse in die Marinade geben und ca. 1 Stunde durchziehen lassen.
4. Die Reispapier-Blätter in kaltem Wasser ca. 20 Minuten einweichen.
5. Das Gemüse aus der Marinade nehmen und auf die Reisblätter verteilen. Die Seiten einschlagen und die Reisblätter mit der Füllung zusammenrollen.
6. Die Reisblattröllchen auf Tellern anrichten, mit Schnittlauch garnieren und servieren.

Vorbereitungszeit (ohne Marinierzeit): 20 Min.
Zubereitungszeit: 20 Min.
Pro Portion
ca. 845 kJ/201 kcal

Tamilischer Gemüsereis

Indien

375 g Basmati-Reis
Salz
1 Lorbeerblatt, 2 Nelken
1 Tl Kurkuma
1 Zimtstange
50 g Rosinen
1 Aubergine
3 Tomaten
150 g Möhren
1 grüne Paprikaschote
2 El Öl
250 g Champignons
1 El Reiswein
1 El Fischsauce
Zucker
Minzezweige zum Garnieren

1. Den Reis in ausreichend Salzwasser mit dem Lorbeerblatt, den Nelken, Kurkuma und der Zimtstange ca. 20 Minuten garen.
2. Anschließend abgießen, abtropfen lassen und mit den Rosinen vermengen.
3. Die Aubergine putzen, waschen und in grobe Würfel schneiden.
4. Die Tomaten enthäuten, entkernen und in Streifen schneiden. Die Möhren schälen und grob raspeln. Die Paprikaschote halbieren, entkernen und in Streifen schneiden.
5. Das Öl erhitzen und das Gemüse darin anbraten. Die Champignons putzen, eventuell zerkleinern und mit anbraten.
6. Den Reiswein mit der Fischsauce und Zucker mischen und auf das Gemüse geben. Das Gemüse ca. 15 Minuten schmoren lassen.
7. Den Reis dazugeben, kurz erhitzen und das Ganze mit Minzezweigen garniert servieren.

Vorbereitungszeit: 15 Min.
Zubereitungszeit: 45 Min.
Pro Portion
ca. 1058 kJ/252 kcal

Süß-saurer Brokkoli

Japan

500 g Brokkoli
3 El Sesamsamen
2 El Zucker
1/8 l Essig
1 El Sojasauce
1 El Bohnenpaste
1 Msp. Glutamat
als Beilage Maggi Asia Nudelsnack Soto Ayam

1. Den Brokkoli putzen, in Röschen teilen und in kochendem Wasser ca. 2 Minuten blanchieren. Herausnehmen und abtropfen lassen.
2. Den Sesamsamen ohne Fett rösten und anschließend im Mörser fein zerdrücken.
3. Den Zucker mit dem Essig, den zerdrückten Sesamsamen, der Sojasauce, der Bohnenpaste und dem Glutamat verrühren.
4. Die Sauce mit dem Brokkoli mischen und das Ganze ca. 1 Stunde durchziehen lassen. Den Brokkoli herausnehmen, abtropfen lassen und anrichten. Als Beilage Maggi Asia Nudelsnack Soto Ayam servieren.

Vorbereitungszeit: 10 Min.
Zubereitungszeit
(ohne Marinierzeit): 10 Min.
Pro Portion
ca. 617 kJ/147 kcal

Gemüseallerlei mit Kokosmilch

Indonesien

100 g Weißkohl
100 g grüne Bohnen
100 g Blumenkohl
100 g Möhren
100 g Sojabohnenkeime
1 grüne Paprikaschote
2 Zwiebeln
2 Knoblauchzehen
1/8 l Hühnerbrühe
Salz
1 Tl Ingwerpulver
1 Tl gemahlener Koriander
2 Tl Sojasauce
schwarzer Pfeffer
1/4 l Kokosmilch

1. Den Weißkohl putzen, waschen und in feine Streifen schneiden.
2. Die Bohnen putzen, waschen und je nach Geschmack zerkleinern.
3. Den Blumenkohl in Röschen teilen, die Möhren schälen und in feine Streifen schneiden.
4. Die Sojabohnenkeime putzen, waschen und abtropfen lassen. Die Paprikaschote halbieren, entkernen und in Rauten schneiden.
5. Die Zwiebeln und die Knoblauchzehen schälen und fein hacken.
6. Das Gemüse zusammen mit der Hühnerbrühe und den Gewürzen zum Kochen bringen. Das Ganze ca. 15 Minuten dünsten.
7. Die Kokosmilch unter Rühren dazugeben. Heiß werden lassen, anrichten und servieren.

Vorbereitungszeit: 20 Min.
Zubereitungszeit: 20 Min.
Pro Portion
ca. 324 kJ/77 kcal

Gemüse-Tofu-Ragout

China

1/2 Kopf Chinakohl
1 Aubergine
1 Frühlingszwiebel
2 Knoblauchzehen
3 El Erdnußöl
300 g Tofu
Salz
Pfeffer
2 Tl Chilisauce
2 El Sojasauce
2 Tl Speisestärke
1 Tl Zucker
1/2 Bund Schnittknoblauch

1. Den Chinakohl putzen, den Strunk keilförmig herausschneiden und den Kohl in breite Streifen schneiden.
2. Die Aubergine putzen, waschen und in grobe Würfel schneiden.
3. Die Frühlingzwiebel putzen und in Ringe schneiden. Die Knoblauchzehen schälen und fein hacken.
4. Das Öl erhitzen und das gesamte Gemüse darin unter Rühren braten.
5. Den Tofu in Würfel schneiden und dazugeben.
6. Salz, Pfeffer, die Chilisauce, die Sojasauce, die Speisestärke und den Zucker mischen und über das Gemüse geben. Das Ganze noch ca. 5 Minuten schmoren lassen.
7. Den Schnittknoblauch waschen, trockenschleudern und in Ringe schneiden. Das Gemüse-Tofu-Ragout anrichten, mit dem Schnittknoblauch bestreuen und servieren.

Vorbereitungszeit: 20 Min.
Zubereitungszeit: 15 Min.
Pro Portion
ca. 711 kJ/169 kcal

Ausgebackene Paprikaschoten

Korea

250 g Rinderhackfleisch
2 El Sojasauce
Pfeffer
2 El Sesamsamen
1 Knoblauchzehe
4 längliche, gelbe Paprikaschoten
1 El Stärkemehl
1 Ei
2 El Sesamöl

Für die Sauce:

125 ml Sojasauce
1 El Zucker
3 El Essig
1 El gehackte Pinienkerne

1. Das Rinderhackfleisch mit der Sojasauce, Pfeffer und dem Sesamsamen vermischen.
2. Die Knoblauchzehe schälen, fein hacken und zum Fleisch geben.
3. Die Paprikaschoten waschen, halbieren und entkernen. Die Paprikaschoten mit dem Hackfleisch füllen.
4. Die gefüllten Schoten in dem Stärkemehl und anschließend in dem verquirlten Ei wenden.
5. Das Sesamöl erhitzen und die Paprikaschoten im geschlossenen Kochgeschirr ca. 20 Minuten schmoren lassen.
6. Für die Sauce die Sojasauce mit dem Zucker und dem Essig verrühren. Die Paprikaschoten anrichten, mit der Sauce begießen und mit den Pinienkernen bestreuen.

Vorbereitungszeit: 15 Min.
Zubereitungszeit: 30 Min.
Pro Portion
ca. 1429 kJ/340 kcal

Blumenkohl-Curry

Indonesien

1 Stück Ingwerwurzel (2 cm)
1 El Erdnußöl
1 Tl Kurkuma
1 Tl gemahlene Korianderkörner
1 Tl schwarze Pfefferkörner
1 El Currypulver
1 Blumenkohl
1/8 l Kokosmilch

1. Die Ingwerwurzel schälen und grob raspeln.
2. Das Öl erhitzen und die Ingwerraspeln zusammen mit den Gewürzen anrösten.
3. Den Blumenkohl putzen, waschen und in Röschen teilen.
4. Die Blumenkohlröschen zu den Gewürzen geben und kurz mit anbraten. Die Kokosmilch unter Rühren hinzugeben und das Ganze unter ständigem Rühren ca. 10 Minuten schmoren lassen. Herausnehmen, anrichten und servieren.

Vorbereitungszeit: 15 Min.
Zubereitungszeit: 20 Min.
Pro Portion
ca. 264 kJ/63 kcal

Zwiebel-Gurken-Curry

Malaysia

2 El feingehackte Ingwerwurzel mit 2 El Currypulver in heißem Öl anbraten. 1 feingehackte Chilischote und 3 grob gewürfelte Zwiebeln dazugeben und mit anschwitzen.
2 Gurken schälen, entkernen und in grobe Würfel schneiden. Dazugeben, kurz anbraten und das Ganze mit 1/4 l Kokosmilch ablöschen. Ca. 10 Minuten schmoren lassen und mit Reis anrichten.

Vorbereitungszeit: 15 Min.
Zubereitungszeit: 20 Min.
Pro Portion
ca. 318 kJ/75 kacl

Auberginen-Curry

Indien

2 Auberginen putzen, waschen und in grobe Stücke schneiden. 2 fein gewürfelte Zwiebeln und 1 gehackte Knoblauchzehe in heißem Öl anbraten. 1 El Currypulver und 1 Tl Garam masala dazugeben und ebenfalls mit anrösten. Die Auberginen-Stücke hineingeben und kurz anbraten. 1 Tl Tomatenmark hineinrühren und das Ganze ca. 10 Minuten schmoren lassen.

Vorbereitungszeit: 15 Min.
Zubereitungszeit: 20 Min.
Pro Portion
ca. 298 kJ/71 kcal

Geschmorter Weißkohl

Thailand

100 g Sojabohnenkeime
200 g Weißkohl
6 Knoblauchzehen
3 El Speckfett
1 Tl Fischsauce
1 Tl Sojasauce
Zucker
Pfeffer

1. Die Sojabohnenkeime putzen, waschen und trockenschleudern.
2. Den Weißkohl putzen, in feine Streifen schneiden und in kochendem Wasser ca. 1 Minute blanchieren. Abgießen und abtropfen lassen.
3. Die Knoblauchzehen schälen und fein hacken.
4. Das Fett erhitzen und die Knoblauchwürfel darin anbraten. Den Weißkohl und die Sojabohnenkeime dazugeben. Das Ganze ca. 5 Minuten braten.
5. Die Fischsauce mit der Sojasauce und den Gewürzen dazugeben und das Gemüse ca. 5 Minuten schmoren lassen. Anrichten und servieren.

Vorbereitungszeit: 15 Min.
Zubereitungszeit: 15 Min.
Pro Portion
ca. 513 kJ/122 kcal

TIP

Den kräftigen Weißkohl können Sie auch durch feinere Sorten wie China- oder Spitzkohl ersetzen. Empfehlenswert ist auch Pak-Choi (chinesisch Bok Choy), ein knackiges Blattgemüse, das vorwiegend in Holland angebaut und verstärkt auch bei uns angeboten wird. Es hat dunkelgrüne Blätter mit weichen, breiten weißen Rippen und einen angenehmen, milden Geschmack.

Gebackenes Erbsenpüree

Indien

250 g geschälte gelbe Erbsen
1 Schalotte
1 Stück Ingwerwurzel (1 cm)
Salz, Zucker
7 El Öl
500 g Kartoffeln
2 Tl Kümmel
1 Tl Koriander, 1 Tl Ingwerpulver
1 Tl Currypulver
1 Tl Paprikapulver
300 g Joghurt
1 Tl Garam masala
1 Tl Fenchelsamen
20 g Butter
1 Bund Koriandergrün

1. Die Erbsen über Nacht in ausreichend kaltem Wasser einweichen.
2. Die Schalotte schälen und in grobe Würfel schneiden. Die Ingwerwurzel schälen.
3. Die Erbsen abgießen und zusammen mit den Schalottenwürfeln und der Ingwerwurzel in einen Mixer geben. 2 El Wasser dazugeben und pürieren.
4. Das Püree mit Salz und Zucker abschmecken.
5. 4 El des Öls erhitzen und das Püree darin unter ständigem Rühren bei kleiner Hitze ca. 5 Minuten garen lassen. Den Brei 1 cm dick auf ein Brett streichen und Rauten herausschneiden.
6. Die Kartoffeln in grobe Stifte schneiden und in 2 El des Öls braun braten.
7. 1/4 l Wasser mit 1 Tl Kümmel, Koriander, Ingwerpulver, Currypulver, Paprikapulver und dem Joghurt vermischen.
8. Das Garam masala in dem verbliebenen Öl anrösten. Die Gewürz-Joghurt-Mischung dazugeben und aufkochen lassen.
9. Die Kartoffeln hineinlegen und ca. 10 Minuten darin garen. Das Erbsenpüree dazugeben und kurz erhitzen.
10. Den Rest des Kümmels mit den Fenchelsamen ohne Fett rösten und im Mörser zerstoßen. Das Erbsenpüree anrichten, mit flüssiger Butter beträufeln, mit der Gewürzmischung bestreuen und mit Koriandergrün garniert servieren.

Vorbereitungszeit
(ohne Einweichzeit): 15 Min.
Zubereitungszeit: 20 Min.
Pro Portion
ca. 1583 kJ/377 kcal

Gemüsesalat

Japan

150 g Möhren
1 Salatgurke
100 g frische Sojabohnenkeime
1 El Hühnerbrühe
4 El Essig
1 El Zucker
1 El Sojasauce
1 Tl Reiswein
Koriandergrün zum Garnieren

1. Die Möhren putzen, schälen und in feine Streifen schneiden.
2. Die Gurke je nach Geschmack schälen und in Scheiben schneiden.
3. Die Sojabohnenkeime putzen, waschen und abtropfen lassen.
4. Die Hühnerbrühe mit dem Essig, dem Zucker, der Sojasauce und dem Reiswein mischen.
5. Das Gemüse mit der Salatsauce vermengen und ca. 30 Minuten durchziehen lassen.
6. Den Salat anrichten, mit Koriandergrün garnieren und servieren.

Vorbereitungszeit: 15 Min.
Zubereitungszeit
(ohne Marinierzeit): 10 Min.
Pro Portion
ca. 205 kJ/49 kcal

Pfannengerührtes Bohnengemüse

China

2 El Sojasauce
2 Tl Kartoffelmehl
1 Msp. Salz
1/2 Tl Zucker
12 getrocknete chinesische Pilze
1 Stück Ingwerwurzel (2 cm)
500 g grüne Bohnen
6 Knoblauchzehen
4 El Öl

1. Die Sojasauce mit dem Kartoffelmehl, 1/8 l Wasser, Salz und dem Zucker zu einer Sauce verrühren.
2. Die Pilze mit kochendem Wasser überbrühen und einweichen lassen. Anschließend den Stiel herausdrehen und die Pilze in Streifen schneiden.
3. Die Ingwerwurzel schälen und fein reiben.
4. Die Bohnen putzen, waschen und eventuell zerkleinern. Die Knoblauchzehen schälen und fein hacken.
5. Das Öl erhitzen, die Knoblauchwürfel mit dem geriebenen Ingwer hineingeben und anbraten.
6. Die Bohnen mit den Pilzen dazugeben und ca. 2 Minuten lang pfannenrühren.
7. Die Sauce darüber gießen und das Ganze ca. 5 Minuten lang schmoren lassen. Anrichten und servieren.

Vorbereitungszeit: 15 Min.
Zubereitungszeit: 15 Min.
Pro Portion
ca. 697 kJ/166 kcal

Gedünsteter Staudensellerie

China

2 Frühlingszwiebeln
1 Stück Ingwerwurzel (2 cm)
500 g Staudensellerie
2 El Öl
Salz
1 Msp. Glutamat
Pfeffer
1/2 Tl Zucker
1 Tl Sake
200 ml Hühnerbrühe
1 Tl Stärkemehl

1. Die Frühlingszwiebeln putzen, waschen und in feine Ringe schneiden.
2. Die Ingwerwurzel schälen und fein reiben.
3. Den Staudensellerie putzen, waschen und in mundgerechte Stücke schneiden.
4. Das Öl erhitzen und das Gemüse darin anschwitzen.
5. Die Gewürze und den Sake dazugeben, mit der Hühnerbrühe ablöschen, das Stärkemehl dazugeben und das Ganze 10 Minuten dünsten.
6. Das Gemüse anrichten und servieren.

Vorbereitungszeit: 15 Min.
Zubereitungszeit: 20 Min.
Pro Portion ca. 483 kJ/ 115 kcal

Möhrenpfanne

Korea

6 große Möhren
2 rote Chilischoten
2 Zwiebeln
1 Knoblauchzehe
250 g gemischtes Hackfleisch
2 El Sesamsamen
3 El Sojasauce
Pfeffer
1 El Sesamöl
3 El Zucker, Salz

1. Die Möhren schälen und in Würfel schneiden.
2. Die Chilischoten waschen, halbieren, entkernen und fein hacken. Die Zwiebeln schälen und in feine Würfel schneiden. Die Knoblauchzehe ebenfalls fein hacken.
3. Das Hackfleisch mit den Chilischoten, Zwiebel- und Knoblauchwürfeln, den Sesamsamen, der Sojasauce und Pfeffer mischen.
4. Das Öl erhitzen und das Fleisch darin anbraten.
5. Die Möhrenwürfel dazugeben, kurz mit anbraten und mit 5 El Wasser ablöschen. Den Zucker und Salz nach Geschmack dazugeben und das Ganze ca. 15 Minuten schmoren lassen. Anrichten und servieren.

Vorbereitungszeit: 15 Min.
Zubereitungszeit: 25 Min.
Pro Portion
ca. 1360 kJ/324 kcal

Süß- und Nachspeisen, verführerisch und fast zu schön zum Essen

Nachspeisen in unserem Sinne kennt man in Asien im Grunde nicht. Süßspeisen werden meistens in einer Menüfolge gereicht, um die Geschmacksnerven zu neutralisieren. Wenn Zunge und Gaumen „gut gekühlt“ sind, folgen die nächsten Gewürz-Überraschungen.

Dattelküchlein

Korea

1 Tasse Mehl
1 Tl Backpulver
1/2 Tl Salz
3 El Zucker
6 frische Datteln
Fett zum Ausbacken

1. Das Mehl mit dem Backpulver, Salz und Zucker mischen. So viel Wasser hinzugeben, bis ein knetfähiger Teig entsteht.
2. Den Teig auf einer bemehlten Arbeitsfläche 1/2 cm dick ausrollen. Mit einer Kaffeetasse Kreise ausstechen.
3. Die Datteln fein hacken und auf jedes ausgestochene Küchlein etwas von dem Dattelhack geben. Das Dattelhack fest in die Küchlein drücken und diese in dem Fett goldgelb ausbacken. Die Küchlein heiß servieren.

Vorbereitungszeit: 20 Min.
Zubereitungszeit: 15 Min.
Pro Portion
ca. 879 kJ/209 kcal

Pudding „Acht Köstlichkeiten“

China

150 g Rundkornreis
50 g Zucker, 3 El Butter
150 g gemischte, kandierte Früchte (8 verschiedene Sorten)
Apfelfächer und Zitronenmelisse zum Garnieren

1. Den Rundkornreis mit 200 ml Wasser aufkochen und bei milder Hitze ca. 15 Minuten ausquellen lassen.
2. Anschließend etwas abkühlen lassen und mit dem Zucker und der Butter verrühren.
3. Die kandierten Früchte kleinschneiden und den Boden einer feuerfesten Form damit dekorativ auslegen. Den Reis darüber geben, fest andrücken, die Form verschließen und das Ganze im Wasserbad 30 Minuten garen.
4. Den Pudding in der Form erkalten lassen, auf eine Platte stürzen und mit Apfelfächern und Zitronenmelisse garniert servieren.

Vorbereitungszeit: 20 Min.
Zubereitungszeit: 35 Min.
Pro Portion
ca. 1192 kJ/284 kcal

Chinesisches Neujahrsgebäck

China

500 g Mehl
1 Würfel frische Hefe
1 Päckchen Vanillinzucker
80 g Zucker
1 Prise Salz
80 g lauwarme Butter
2 Eier
1/4 l lauwarme Milch
kleine Zettelchen aus Backpapier mit Neujahrswünschen
1 Eiweiß
Fett zum Fritieren
etwas Puderzucker

1. Das Mehl in eine Schüssel sieben, in die Mitte eine Vertiefung drücken und dort hinein die Hefe bröckeln.
2. Den Vanillinzucker, den Zucker, das Salz, die Butter und die Eier am Rand verteilen.
3. Die Milch dazugießen und das Ganze zu einem einheitlichen Teig kneten. Den Hefeteig kräftig schlagen und zugedeckt an einem warmen Ort ca. 30 Minuten gehen lassen.
4. Den Teig anschließend auf einer bemehlten Arbeitsfläche 1 cm dick ausrollen und mit einer Kaffeetasse Kreise ausstechen.
5. Jeweils 1 Zettelchen in 1 Kreis legen. Die Ränder der Kreise mit dem Eiweiß bestreichen und oben zusammendrücken, so daß kleine Beutelchen entstehen.
6. Das Neujahrsgebäck in einer Friteuse goldgelb ausbacken und auskühlen lassen. Wer mag, kann das Neujahrsgebäck noch mit Puderzucker bestreuen und servieren.

Vorbereitungszeit: 35 Min.
Zubereitungszeit: 20 Min.
Pro Portion
ca. 3181 kJ/757 kcal

Indonesische Sagospeise

Indonesien

250 g Perlsago
1/2 Tasse Zucker
1 Tl Vanilleextrakt
ein paar Tropfen grüne Speisefarbe
1 Prise Salz
1 Tl Kokosflocken
1 Zweig Zitronenmelisse
Cocktailkirschen zum Garnieren

1. Den Sago ca. 12 Stunden in kaltem Wasser einweichen. Am besten über Nacht.
2. Am nächsten Tag den Sago mit dem Zucker, 3 Tassen Wasser, dem Vanilleextrakt, der Speisefarbe, Salz und den Kokosflocken in einen Topf geben und aufkochen lassen. Anschließend bei mittlerer Hitze ca. 15 Minuten ausquellen lassen.
3. Die Zitronenmelisse waschen, trockenschleudern und bis auf ein paar Blättchen fein hacken.
4. Die gehackte Zitronenmelisse unter den Pudding geben, in eine Schüssel füllen und mit Cocktailkirschen garniert servieren.

Vorbereitungszeit
(ohne Einweichzeit): 10 Min.
Zubereitungszeit: 20 Min.
Pro Portion ca. 1287 kJ/306 kcal

Mohrrüben-Kürbis-Halwa

Pakistan

250 g Möhren
250 g Kürbisfleisch
1/4 Tasse Milch
2 El Butter
1 Tasse brauner Zucker
1 Prise Safran
2 Nelken
4 El Rosinen
4 Kardamomkapseln
1 El gehobelte Mandeln
2 Tl Kokosflocken
Minzezweige zum Garnieren

1. Die Möhren putzen, schälen und fein raspeln. Das Kürbisfleisch ebenfalls fein raspeln.
2. Beides mit der Milch aufkochen und so lange bei mittlerer Hitze köcheln lassen, bis ein fester Brei entstanden ist.
3. Die Butter erhitzen und den Brei zusammen mit dem Zucker, Safran und den Nelken hellbraun schmoren.
4. Die Rosinen waschen, in etwas Wasser einmal aufkochen lassen, absieben und zusammen mit den Kardamomkapseln, den Mandelblättchen und den Kokosflocken unter die Halwa geben.
5. Das Ganze in eine Schüssel füllen, abkühlen lassen und mit Minzezweigen garniert servieren.

Vorbereitungszeit: 15 Min.
Zubereitungszeit: 20 Min.
Pro Portion
ca. 1299 kJ/309 kcal

Kokoswaffeln mit Tee-Eis

Thailand

250 g Mehl
1/4 l Kokosmilch
2 Eier
125 g Zucker
1 El Zitronensaft
Fett zum Ausbacken

Für das Tee-Eis:

1 1/2 Tl Jasmintee
300 ml Sahne
50 g Zucker
1 Eigelb
50 ml Orangensaft
Zitronenmelisse zum Garnieren

1. Das Mehl mit der Kokosmilch, den Eiern, dem Zucker und 2 El Wasser zu einem Teig verrühren. Den Zitronensaft dazugeben. Den Teig ca. 30 Minuten ruhen lassen.
2. Das Eis sollte man am besten am Vortag zubereiten. Dafür den Jasmintee mit 100 ml kochendem Wasser überbrühen und 5 Minuten ziehen lassen.
3. Den Tee anschließend durchsieben und auskühlen lassen.
4. Die Sahne mit der Hälfte des Zuckers steif schlagen. Die andere Hälfte des Zuckers mit dem Eigelb schaumig schlagen.
5. In einer großen Schüssel die Eiscreme mit der Sahne, dem Tee und dem Orangensaft vorsichtig vermengen und im Gefrierschrank (am besten über Nacht) erstarren lassen.
6. Aus dem Waffelteig portionsweise Waffeln ausbacken.
7. Das Eis zu Bällchen formen und zusammen mit den Waffeln anrichten, mit Zitronenmelisse garnieren und sofort servieren.

Vorbereitungszeit
(ohne Gefrierzeit): 30 Min.
Zubereitungszeit: 30 Min.
Pro Portion
ca. 2908 kJ/692 kcal

Ausgebackene Litschis

China

1 große Dose Litschis (380 g)
30 g Butter
50 g Zucker
Mark einer Vanilleschote
2 Eier
125 g Mehl
1/8 l Sahne
20 g gemahlene Mandeln
Fett zum Ausbacken
Sesamkörner zum Bestreuen

1. Die Litschis auf ein Sieb geben und abtropfen lassen.
2. Die Butter mit dem Zucker und dem Vanillemark schaumig schlagen.
3. Die Eier trennen. Das Eiweiß steif schlagen.
4. Das Eigelb mit dem Mehl, der Sahne und den gemahlenen Mandeln zu der Butter geben und alles miteinander zu einem einheitlichen Teig verrühren. Anschließend das steif geschlagene Eiweiß vorsichtig unterheben.
5. Die Litschis durch den Teig ziehen und in heißem Fett knusprig ausbacken. Mit Sesamkörnern bestreuen und servieren.

Vorbereitungszeit: 15 Min.
Zubereitungszeit: 15 Min.
Pro Portion
ca. 1999 kJ/476 kcal

Gebackene Bananen

Indonesien

4 Bananen zerdrücken und mit 175 g Mehl, 1 Tl Salz und 3 El Zucker verrühren. Die Masse löffelweise in heißes Öl geben und knusprig braun ausbacken. Mit Kokosflocken bestreuen und servieren.

Vorbereitungszeit: 15 Min.
Zubereitungszeit: 15 Min.
Pro Portion
ca. 1323 kJ/315 kcal

Gebackene Ananas

Indonesien

2 El Mehl mit einem Ei und einer Prise Salz verrühren. 1 kleine Dose Ananasscheiben abtropfen lassen und die Ananasscheiben in dem Teig wenden. Etwas Öl erhitzen und die Ananasscheiben darin knusprig braun ausbraten. Mit Kokosflocken bestreut servieren.

Vorbereitungszeit: 15 Min.
Zubereitungszeit: 15 Min.
Pro Portion
ca. 512 kJ/122 kcal

Rezeptverzeichnis